LAROUSSE

DICCIONARIO PRÁCTICO

CONJUGACIÓN

Repartese el verbo en modos. el modo en tiempos.
el tiempo en numeros. el numero en personas. El
modo enel verbo: que Quintiliano llama calidad : es
aquello por lo cual se distinguen ciertas maneras de si
gnificado enel verbo... son cinco Indicativo
imperatigo. optativo...

Explicación de una lección
por Elio Antonio de Nebrija
y párrafo de la primera
Gramática Castellana,
publicada por él en Salamanca en el año 1492.
(Biblioteca Nacional. Madrid.)

LAROUSSE

DICCIONARIO PRÁCTICO

CONJUGACIÓN

por
RAMÓN Y FERNANDO GARCÍA-PELAYO Y GROSS
MICHELINE DURAND

LAROUSSE

Av. Diagonal 407 Bis-10   Dinamarca 81   21 Rue du Montparnasse   Valentín Gómez 3530
08008 Barcelona   México 06600, D. F.   75298 París Cedex 06   1191 Buenos Aires

© 1982, Larousse, S. A.

© Larousse-Bordas, 1996

"D. R." © 1983, por Ediciones Larousse, S. A. de C. V.
Dinamarca núm. 81, México 06600, D. F.

*Esta obra no puede ser reproducida, total o
parcialmente, sin autorización escrita del editor.*

PRIMERA EDICIÓN — 51ª reimpresión

ISBN 2-03-490043-X (Larousse, S. A.)
ISBN 970-607-018-4 (Ediciones Larousse)

*Larousse y el Logotipo Larousse son
marcas registradas de Larousse, S. A.*

Impreso en México — Printed in Mexico

PRÓLOGO

La supuesta facilidad de la gramática española no impide que muchos usuarios o aprendices de nuestra lengua encuentren con cierta frecuencia dificultades en el manejo de los verbos. Esta observación nos ha llevado a publicar el *Larousse de la conjugación*, libro de pequeño tamaño, pero rico en contenido, donde se trata la flexión verbal en toda su extensión. El objetivo esencial de esta obra consiste en servir de auxilio a la memoria, cuando ésta se ve asaltada por las dudas, constituyendo así un complemento de las gramáticas y diccionarios existentes en los cuales la conjugación no figura con todo el detalle requerido.

Dicho compendio contiene los conceptos básicos indispensables en la materia, haciendo hincapié en lo relativo a los tiempos, varios cuadros con los paradigmas de verbos regulares e irregulares y, finalmente, una lista superior a 10 000 verbos que van seguidos, cada uno, de un número correspondiente al modelo de su conjugación y que abarca no sólo los reseñados en el Diccionario de la Real Academia Española, sino también otros muchos corrientemente empleados, pero sin respaldo oficial, así como los pertenecientes a la terminología propia de ciencias y técnicas que han alcanzado gran desarrollo en los tiempos actuales.

En las últimas páginas figuran unos apéndices dedicados a los verbos defectivos, a los unipersonales y a aquellos que tienen participios irregulares. Se dan también unas nociones sumarias acerca de los tratamientos, con una referencia particular al voseo, modalidad bastante difundida por algunas áreas del continente americano.

Abrigamos la esperanza de que este *Larousse de la conjugación*, por su carácter didáctico, sea de gran utilidad, tanto en centros docentes como fuera de ellos, gracias a la contribución que aporta al empleo correcto de los distintos tiempos y personas del verbo, parte fundamental de la oración.

RAMÓN GARCÍA-PELAYO Y GROSS

ÍNDICE

EL VERBO

El *verbo* es la parte de la oración que expresa esencia, estado, acción o pasión, indicando generalmente el tiempo y la persona. Así, al decir *leo* o *leen* queremos significar que soy *yo* o son *ellos* quienes realizan la acción de *leer* en el momento presente. Análogas consideraciones pueden hacerse si la acción tuvo lugar en el pasado *(leía, leían, leí, leyeron)* o si se espera que ocurra en el futuro *(leeré, leeremos).*

El verbo expresa no sólo las tres posibilidades temporales (presente, pasado y futuro), sino que también indica si la acción está acabada o no. La oración gramatical necesita la existencia de un verbo, expreso o tácito, lo cual demuestra el papel fundamental que desempeña esta parte del discurso.

Clases de verbos según su significación

verbo
- copulativo
- predicativo
  - transitivo
    - nominal
    - pronominal
      - reflexivo
      - recíproco
  - intransitivo

1. Verbo copulativo es el que sirve de lazo de unión entre el sujeto y el predicado nominal de una oración *(Juan ES colombiano; las aves SON animales vertebrados).*

2. Verbo predicativo es el que encierra la idea de un *predicado* (calidad y atributo) y siempre expresa un estado, acción o pasión. Se dividen estos verbos en dos grandes grupos : transitivos e intransitivos.

3. En el **verbo transitivo** la acción recae sobre una persona o cosa, expresa o tácita. El objeto que recibe directamente la acción se denomina *complemento directo (Juan leyó la CARTA).* Para conocer si un verbo es transitivo hay que preguntarse *qué* o *qué cosa* es el objeto de la acción. Por ejemplo, *amar* es un verbo transitivo ; en efecto, a la pregunta *¿ qué se ama ?* cabe responder *la Naturaleza, a Dios, a los hijos,* etc.

Dentro de los transitivos se incluyen los *nominales,* cuyo complemento directo es un nombre, y los *pronominales,* en los que esta función corresponde a un pronombre. Estos últimos se subdividen a su vez en reflexivos y recíprocos (ver 5 y 6).

4. En el **verbo intransitivo** la acción permanece en el sujeto y resulta completa sin necesidad de un objeto directo *(Kant NACIÓ, VIVIÓ y MURIÓ en Königsberg; María ENMUDECIÓ de terror).* Muchos verbos se usan como transitivos o como intransitivos, según los casos. Compárense las oraciones *el atleta corre* y *el atleta corre los cien metros lisos.*

Dentro de los intransitivos hay algunos verbos, escasos en castellano, llamados *verbos neutros* o *de estado.* Expresan éstos una situación duradera en el sujeto *(estar)* o bien que éste no interviene en la acción o sólo lo hace de modo poco activo *(vivir, existir, yacer, quedar,* etc.).

5. Verbo reflexivo es aquel cuya acción recae o se refleja sobre el mismo sujeto que la realiza (*yo* ME *lavo*). El objeto se expresa mediante un pronombre personal (*me, te, se, nos, os, se*). Existen verbos exclusivamente reflexivos (*atreverse, arrepentirse, quejarse*, etc.), mientras que otros muchos se utilizan también como verbos no reflexivos (*lavar* y *lavarse; dormir* y *dormirse*, etc.).

6. Verbo recíproco es el que tiene por sujeto agente a dos o más personas, cosas o animales que ejercen una acción sobre los otros, al mismo tiempo que la reciben de ellos (*Pedro y yo nos saludamos; los amigos se tutean*). A veces, para reforzar el matiz de reciprocidad, es necesario añadir ciertas locuciones ya que estos verbos se construyen, como los reflexivos, con los pronombres *nos, os* y *se*. Véanse los siguientes ejemplos : *los hermanos se ayudaban* ENTRE Sí ; *los dos rivales se insultaron* RECÍPROCAMENTE.

Conjugación

Se denomina *conjugación* o *flexión* del verbo al conjunto de todas las formas que éste puede adoptar.

El verbo, parte de la oración que presenta más variaciones, consta de una *raíz* o *radical*, generalmente invariable, y de una *terminación* o *desinencia*, que cambia según los casos. En *am-o, am-amos, am-aban* se observan claramente estas dos secciones. Las modificaciones que el verbo sufre en su estructura denotan sus diferentes voces, modos, tiempos, números y personas, es decir, los denominados *accidentes*. Cabe considerar asimismo el *aspecto* o modo de presentarse la acción verbal.

1. La **voz** de un verbo indica si el sujeto es el que realiza la acción expresada o si es el que la recibe. En el primer caso se trata de la *voz activa* (*yo* AMO) y en el segundo de la *voz pasiva* (*yo* SOY AMADO).

La voz pasiva se construye con el verbo *ser* y, a veces, con *estar*, que por eso reciben el nombre de *auxiliares*, seguidos del participio del verbo que se conjuga. En castellano, en contraste con otras lenguas, se usa la forma activa más que la pasiva. La *voz pasiva refleja e impersonal*, cuyo empleo es cada vez más frecuente en sustitución de la construcción *ser + participio*, se forma con el verbo en 3ª persona, precedido de la partícula *se*, y el sujeto paciente ha de concordar con el verbo (SE *prohibe fumar*, SE *venden pisos*).

2. El **modo** verbal denota la actitud del hablante con respecto a lo que dice.

El *modo indicativo* enuncia el hecho de manera real y objetiva (*Pedro* ESTUDIA *medicina en la Facultad de Buenos Aires*).

El *modo subjuntivo* indica un hecho como subordinado a otro verbo que exprese deseo, temor, voluntad, suposición, etc. (*quiero que* VENGAS ; *temo que* LLUEVA).

El *modo potencial* presenta un hecho no como real, sino como posible, casi siempre dependiente de una condición (*si trabajaras más,* GANARÍAS *más dinero*). Los gramáticos consideran actualmente el potencial como un tiempo más del indicativo, llamado *condicional*, y no como un modo.

El *modo imperativo* se utiliza para formular órdenes, expresar un ruego, hacer una petición o dar un consejo (VENID *a las doce;* AMA *al prójimo*).

8

Además de los modos estudiados anteriormente, existen en la conjugación otras formas llamadas *no personales* o *infinitas*, sin desinencias de número y persona, que son el *infinitivo*, considerado como la forma sustantiva del verbo (AMAR a *Dios*), el *participio*, que equivale a un adjetivo (*libro* EDITADO *en México*), y el *gerundio*, con valor adverbial (*vino* CORRIENDO). El gran filólogo y gramático venezolano Andrés **Bello** (1781-1865) da a estas tres formas la denominación de *derivados verbales*.

3. El **tiempo** indica que la acción verbal se realiza en un momento *presente*, *pasado* (o *pretérito*) o *futuro*. Desde un punto de vista estructural, existen *tiempos simples*, formados por una sola palabra (*amo, amaremos*), y *compuestos*, con dos o más (*he amado, habremos sido amados*). Estos últimos, construidos con el auxiliar *haber* y el participio del verbo conjugado, añaden un aspecto perfectivo, es decir, expresan la acción como terminada.

Cada uno de los modos tratados en el apartado anterior contiene uno o varios tiempos, tal como se sintetiza en los siguientes cuadros, en los que se señalan conjuntamente la terminología de la Real Academia Española y la que propuso en el siglo XIX el gramático venezolano Andrés Bello, esta última muy extendida por los países americanos de lengua castellana.

Modos y tiempos

		Real Academia	Andrés Bello	Forma
Indicativo	tiempos simples	presente	presente	amo
		pret. imperfecto	copretérito	amaba
		pret. perfecto simple	pretérito	amé
		futuro	futuro	amaré
		condicional	pospretérito	amaría
	tiempos compuestos	pret. perfecto compuesto	antepresente	he amado
		pret. pluscuamperfecto	antecopretérito	había amado
		pret. anterior	antepretérito	hube amado
		futuro perfecto	antefuturo	habré amado
		condicional perfecto	antepospretérito	habría amado
Subjuntivo	tiempos simples	presente	presente	ame
		pret. imperfecto	pretérito	amara o amase
		futuro	futuro	amare
	tiempos compuestos	pret. perfecto	antepresente	haya amado
		pret. pluscuamperfecto	antepretérito	hubiera o hubiese amado
		futuro perfecto	antefuturo	hubiere amado
Imperativo	t. simple	presente	presente	ama, amad

	infinitivo	simple	amar

Formas no personales

infinitivo	simple	amar
	compuesto	haber amado
gerundio	simple	amando
	compuesto	habiendo amado
participio		amado

4. Cada tiempo del verbo se compone de seis formas que corresponden a las tres **personas** gramaticales del **número** singular *(yo, tú, él)* y a las tres del plural *(nosotros, vosotros, ellos)*.

Estas tres personas indican quien o quienes realizan la acción del verbo. La primera *(yo, nosotros, nosotras)* señala quien o quienes hablan *(yo como temprano)*, la segunda *(tú, vosotros, vosotras)* se refiere al interlocutor o a los interlocutores de la primera persona *(vosotros* tenéis que llevar a cabo el trabajo que os han encomendado) y la tercera *(él, ellos, ellas)* designa a aquellas personas de quienes se habla *(ellos* se reían descaradamente).

La flexión verbal castellana, al tener las desinencias de número y persona muy diferentes, hace en general innecesaria, salvo para dar mayor énfasis, la utilización de los pronombres personales *(yo, tú, nosotros, etc.)* antes de la forma verbal propiamente dicha.

Salvo en el pretérito perfecto simple, llamado, pretérito por Andrés Bello, las desinencias de número y persona son las siguientes :

	sing.	*pl.*
1ª pers.	- vocal	- mos
2ª pers.	- s	- is
3ª pers.	- vocal	- n

Las terminaciones del pretérito perfecto simple (pretérito) difieren bastante de las anteriores :

	sing.	*pl.*
1ª pers.	- vocal	- mos
2ª pers.	- ste	- steis
3ª pers.	- vocal	- ron

5. El **aspecto** de la acción verbal se refiere a la manera de considerar ésta, según que el significado propio del verbo denote un carácter instantáneo *(disparar, morir)*, durativo *(dormir)*, reiterativo *(machacar)*, perfectivo *(nacer)* o imperfectivo *(correr)*.

La utilización del tiempo verbal es asimismo esencial para la expresión del aspecto. Debe señalarse que todos los tiempos compuestos, más el pretérito perfecto simple, son perfectivos *(hemos comido ; ayer hablé)*. Los demás tiempos simples son, en cambio, de carácter imperfectivo *(yo leo ; Juan trabajaba en la mina)*. Cuando un verbo perfectivo de carácter instantáneo se presenta en tiempo imperfectivo adquiere un aspecto reiterativo *(el soldado disparaba tras la trinchera)*.

Ciertas perífrasis y locuciones verbales sirven para expresar diversos aspectos. Así, *ir a + infinitivo* denota un aspecto incoativo, es decir, indica el principio de la acción *(iré a comer dentro de poco a casa de mi hermana)*. *Ir o estar + gerundio* es la construcción usada para reflejar un aspecto progresivo o de duración *(le atropelló un automóvil cuando iba saliendo de la oficina ; al no conciliar el sueño, estuvo leyendo la noche entera)*.

División de los verbos según su conjugación

Los verbos, según la conjugación que tengan, se dividen en regulares, irregulares, defectivos y unipersonales. Existen también los auxiliares, llamados así por la función que desempeñan en la formación de los tiempos compuestos y en la voz pasiva.

1. Verbos regulares son aquellos que, en cualquier tiempo o persona, no alteran la raíz o las desinencias propias del modelo a que pertenecen.

La conjugación española se divide en tres grupos, según que el infinitivo termine en -ar, -er o -ir (1ª, 2ª y 3ª conjugación). Más adelante se expondrán sistemáticamente todas las flexiones verbales de los paradigmas (modelos) de cada una de las conjugaciones : *amar, temer, partir.*

2. Verbos irregulares son aquellos en cuya conjugación aparecen alteraciones en la terminación, en la raíz o en ambas a la vez, si se comparan con los paradigmas de la conjugación a la que pertenecen. Así, la 1ª persona del singular del verbo *jugar* es JUEGO, en lugar de *jugo,* del verbo *salir* es SALGO, en lugar de *salo,* del verbo *ir* es VOY, etc.

Las irregularidades verbales, como se señalará más adelante en una serie de modelos, son de diversos tipos. En la última parte de este libro figura una lista alfabética de verbos castellanos, ya sean regulares o irregulares, seguidos de un número que remite al modelo correspondiente.

3. Verbos defectivos son los que presentan un cuadro flexivo incompleto, es decir, aquellos que no se emplean en todas las formas de la conjugación. Esto se debe al propio significado del verbo, que haría ilógico el uso de algunas formas o personas. Así, verbos como *atañer, acaecer, acontecer* o *concernir* sólo se conjugan en la tercera persona. Otras veces las limitaciones de uso obedecen a razones de índole fonética, ya que ciertas formas producirían un sonido desagradable (cacofonía). Éste es el caso de los verbos *agredir* y *abolir,* sólo usados en las formas en que la vocal *i* entra en la desinencia (*agredimos, agredía ; abolimos, abolía,* etc.).

4. Verbos unipersonales son los que solamente pueden usarse en el infinitivo y en la tercera persona del singular de todos los tiempos. Corresponden a fenómenos meteorológicos o de la naturaleza *(ayer llovió ; hoy ha nevado).* No obstante, sacados de su significado habitual, estos verbos pueden llevar sujetos y dejan de ser unipersonales *(amanecerán días de gloria ; anochecí en Buenos Aires).*

Otros verbos, pero sólo en casos muy especiales, pueden considerarse unipersonales. Citemos como ejemplos los de «ser», construido con expresiones de tiempo, salvo las horas *(es tarde ; es temprano),* «haber», si denota existencia *(había una gran multitud en el estadio)* o un hecho *(hubo peleas aquel día),* y «hacer», cuando expresa una contingencia climática *(hizo mucho calor)* o el paso del tiempo *(hace muchos años que no lo veo).*

5. Verbos auxiliares son los que sirven para la formación de los tiempos compuestos y de la voz pasiva. *Haber, ser* y *estar* son los más usados. No obstante, existen algunos otros verbos que, al encabezar una perífrasis verbal, pierden totalmente su significado propio y se convierten en verdaderos auxiliares. En los ejemplos siguientes : *vamos a trabajar seriamente, te lo tengo prometido, hace tiempo que vengo sospechando este hurto*, los verbos *ir*, *tener* y *venir* están lejos de su significado habitual y el simple análisis nos lleva a considerarlos como auxiliares.

Significado de los tiempos

El momento en que se realiza la acción verbal viene indicado por los tiempos, que pueden referirse al *presente, pretérito* o *futuro*.

Existen tiempos *absolutos*, en los que la acción se expresa en uno de esos momentos citados (presente, pretérito, futuro), y *relativos*, en los que se tiene en cuenta la relación de un hecho con otro, tomándose en este caso como referencia no el presente de la persona que habla, sino otro tiempo que aparezca en el discurso. También se habla de tiempos *perfectos*, en los que la acción se presenta como acabada, e *imperfectos*, en los que ésta continúa produciéndose.

A continuación se reseña el uso más corriente de los tiempos verbales castellanos y los diversos matices que éstos introducen en la oración.

MODO INDICATIVO

1. Presente. Es un tiempo absoluto que expresa coincidencia entre la acción y el momento en que se habla *(Juan lee la prensa)*. Además de este uso fundamental, el presente de indicativo se emplea de diversos modos que se señalan seguidamente.

El *presente habitual* se refiere a actos discontinuos que pueden producirse o no en el momento de hablar, pero que han ocurrido antes y que lo harán después *(estudio medicina)*.

El *presente histórico* se usa para la narración de hechos pasados, cuando el contexto no deja lugar a dudas acerca del momento en que tuvo lugar la acción *(el Imperio Romano, según la mayoría de los historiadores, desaparece en el año 395)*. Este empleo es muy frecuente ya que proporciona extraordinaria vivacidad al relato.

El *presente con valor de futuro* se suele utilizar cuando se tiene la seguridad o la intención de llevar a cabo la acción verbal *(mañana salgo para Londres con objeto de ver a unos amigos)*.

El *presente de mandato* hace las veces de imperativo *(mañana vas a la librería y compras un diccionario)*.

El presente de indicativo es también el tiempo adecuado para enunciar las verdades intemporales *(el triángulo es un polígono de tres lados)*.

2. Pretérito imperfecto. Es un tiempo relativo que expresa una acción pasada cuyo principio y fin no se tienen en cuenta. Posee una gran amplitud temporal y resulta por tanto muy útil en narraciones *(cuando amanecía, los pájaros empezaban a cantar)*. La denominación de *copretérito*, debida a Andrés Bello, es muy acertada ya que este tiempo desempeña las mismas funciones que el presente, pero en un momento pasado (pretérito coexistente) : *cuando terminó la guerra, las madres lloraban de alegría*.

El pretérito imperfecto se utiliza también para moderar cortésmente el rigor de las peticiones *(quería pedirte un favor)* y, en el habla coloquial, sustituye con frecuencia al condicional en las oraciones principales colocadas después de subordinadas que enuncian una hipótesis *(si me tocara la lotería, me iba de viaje a París,* en lugar de *iría).*

3. Pretérito perfecto simple y pretérito perfecto compuesto.
Son tiempos del pasado que conviene estudiar conjuntamente por su carácter absoluto y su aspecto perfectivo. La diferencia fundamental existente entre ambos se halla en relación con la unidad de tiempo que se toma como referencia. El pretérito perfecto simple, llamado antes *pretérito indefinido,* se refiere a una unidad de tiempo ya concluida para el hablante *(ayer vi a Juan)* y el compuesto expresa en cambio una acción terminada en un período de tiempo que todavía es presente para el que formula la idea *(este año ha llovido mucho).* Se suelen confundir con bastante frecuencia estos matices y se hace un uso indistinto de estos dos tiempos verbales. A título orientativo, se recomienda el empleo del compuesto para las acciones que acaban de terminar *(he sentido mucho la muerte de tu padre)* y el simple cuando se refiere a una acción más lejana en el pasado *(sentí mucho la muerte de tu padre el verano pasado).* No obstante, los diferentes usos regionales en el amplio mundo de habla española han contribuido a invalidar prácticamente esta normativa. Obsérvese cuán frecuentemente los presentadores de televisión lanzan al aire expresiones del siguiente tenor : *vieron ustedes la retransmisión de la final de la Copa del Mundo.*

4. Pretérito pluscuamperfecto. Es un tiempo relativo que expresa la
anterioridad de un hecho pasado con respecto a otro también pasado *(cuando llegué ya había muerto).*

5. Pretérito anterior. Es un tiempo relativo que expresa un hecho
inmediatamente anterior a otro *(apenas hubo sonado el disparo, cuando llegó la policía).* Se diferencia del pluscuamperfecto en la proximidad de los hechos. Este tiempo verbal, que va siempre precedido de adverbios de tiempo *(apenas, después que, tan pronto, en cuanto que, cuando,* etc.), se usa muy poco y suele sustituir por el pretérito perfecto simple o por el pluscuamperfecto, aunque esto acarree cierta pérdida de matices.

6. Futuro imperfecto. Es un tiempo absoluto que expresa una acción
venidera *(vendré temprano mañana).*

Se utiliza también, en sustitución del imperativo, en las fórmulas de ruego y mandato *(amarás a Dios sobre todas las cosas)* e incluso para denotar una probabilidad *(supongo que ya sabrás la lección).*

7. Futuro perfecto. Es un tiempo relativo que expresa una acción venidera
y acabada anterior a otra también futura *(cuando vengas a verle ya habrá terminado el trabajo).*

El *futuro de probabilidad* se refiere a una acción que se supone ha ocurrido en el pasado *(pienso que ya habrá terminado la función).*

8. Condicional. Es un tiempo relativo que expresa una acción futura en
relación con el pasado *(la radio anunció que llovería).* El término de la acción queda totalmente indeterminado ya que, si se considera desde el momento

presente, dicha acción ha podido completarse en el pasado, puede estar realizándose en el presente o tener lugar en el futuro.

Dado el carácter futuro de este tiempo, la acción expresada es siempre eventual o hipotética, por lo que recibe también el nombre de *futuro hipotético*. Su empleo más característico es precisamente en la oración principal después de una subordinada condicional (*si vinieras pronto, iríamos de paseo*).

El condicional sirve además para expresar la probabilidad en el pasado (*serían las cuatro cuando se produjo el asesinato*) y en el futuro (*no sería raro que mañana lloviera*). Este tiempo se usa asimismo para emitir ruegos y hacer peticiones de cortesía por ser de talante menos severo que el pretérito imperfecto (*yo querría pedirte un favor*).

9. Condicional perfecto. Es un tiempo relativo para expresar una acción futura en relación con un pasado que se considera punto de partida. La diferencia esencial con respecto al condicional simple consiste en que la acción se presenta como terminada (*me dijo que cuando yo viniera ya habría terminado completamente su trabajo*).

Del mismo modo que el condicional simple, este tiempo verbal se utiliza en la oración principal después de una subordinada condicional (*si hubieras estudiado más, habrías aprobado*). Se usa también para expresar la probabilidad, aunque sólo en el pasado (*habrían dado las diez*) y como fórmula de cortesía (*yo habría querido ser más generoso*).

MODO SUBJUNTIVO

Las relaciones temporales entre las distintas formas verbales del subjuntivo, debido al carácter de irrealidad que encierra este modo, son menos claras que en el indicativo, y lo mismo ocurre con la correspondencia entre los tiempos de estos dos modos. El indicativo tiene diez tiempos y el subjuntivo sólo seis, prácticamente reducidos a cuatro por el escaso empleo de los futuros.

Todos los tiempos del subjuntivo son relativos, de tal manera que la complejidad es aun mayor y, a veces, las relaciones de anterioridad, coexistencia y posterioridad se revelan harto aleatorias. A pesar de todo, a continuación se describe someramente el uso de aquéllos.

1. Presente. Es un tiempo relativo y de aspecto imperfectivo que expresa indistintamente una acción presente o futura (*no creo que lo conozcas; dudo que vengan antes de dos meses*).

Debido a la capacidad de este tiempo para denotar una acción futura, es muy frecuente el uso del mismo para construir oraciones simples dubitativas (*tal vez venga mañana*), optativas (*¡ojalá apruebe el examen!*) y exhortativas (*¡marchemos francamente por la senda constitucional!*). Sirve también para expresar mandatos, por lo que se utiliza para sustituir a las personas inexistentes en el imperativo, que sólo posee la segunda del singular y del plural (*venga usted temprano; amemos a la patria*), y para la formulación negativa de un ruego o una orden (*no rompáis la unidad nacional*, en lugar de *no romped*).

2. Pretérito imperfecto. Es un tiempo relativo e imperfectivo usado para referirse a una acción pasada, presente o futura (*me rogaron que cuidara las plantas*). Se diferencia del presente en que este último no puede expresar una acción pretérita. Suele depender de otro verbo en modo indicativo y en tiempos pretérito perfecto simple, pretérito imperfecto o condicional. Así, en el ejemplo anterior, el verbo principal podría haber sido *rogaban* o *rogarían*.

En las oraciones simples, el pretérito imperfecto de subjuntivo expresa, reforzados, los mismos matices (duda, deseo) que el presente *(quizá la mercancía resultara cara; ¡ojalá aprobara el examen!).*

3. Pretérito perfecto. Es un tiempo relativo y de aspecto perfectivo que expresa una acción acabada en un tiempo pasado o futuro. Suele depender de otro verbo en presente o en futuro de indicativo *(dudo que haya terminado; me alegraré de que lo haya terminado).*

4. Pretérito pluscuamperfecto. Es un tiempo relativo y perfectivo que expresa una acción pasada realizada en una unidad de tiempo ya terminada *(yo no sabía que hubieras terminado ya la carrera).* Corresponde al pluscuamperfecto de indicativo y al condicional compuesto.

5. Futuro y futuro perfecto. Son tiempos relativos que sirven para expresar una acción venidera posible. Han caído prácticamente en desuso y sólo se conservan en el lenguaje jurídico, habiéndose sustituido el primero en el habla corriente por los presentes de indicativo o de subjuntivo y el segundo por los pretéritos perfectos de indicativo o de subjuntivo. No obstante, persisten algunos dichos o proverbios antiguos en los que se utilizan aún estos tiempos *(donde quiera que fueres, haz lo que vieres).*

MODO IMPERATIVO

Presente. Es el único tiempo de este modo y sirve para expresar un mandato *(ve al mercado y compra fruta).* No posee más que dos formas propias, la segunda del singular *(acelera un poco el paso, por favor)* y la segunda del plural *(venid todos a comer a las dos en punto)* y las restantes ha de tomarlas del presente de subjuntivo *(tengan a bien presenciar el acto).* Ya se ha dicho como las órdenes formuladas en negativa han de recurrir también al presente de subjuntivo *(no rompáis la unidad nacional,* en vez de *romped).*

LA CONJUGACIÓN CASTELLANA

Como se ha indicado anteriormente, los verbos regulares castellanos pertenecen a tres tipos, según que la terminación del infinitivo sea *-ar, -er* o *-ir.* Antes de la conjugación de los tres modelos correspondientes figuran los cuadros de las formas pasiva y pronominal, así como los relativos a los auxiliares *haber* y *ser,* verbos irregulares usados el primero para formar los tiempos compuestos y el segundo para la voz pasiva. Tras estos cinco verbos aparecerá una serie de irregulares con características específicas y, a continuación, verbos que sufren modificaciones ortográficas o prosódicas, conjugados en su totalidad, los cuales sirven de modelo para todos los de la lista final cuyo número de referencia señala la conjugación que debe consultarse.

Las irregularidades verbales son en su conjunto el resultado de la acción de leyes fonéticas sobre todo el sistema de la lengua española. Conviene advertir que consideramos como irregularidades sólo aparentes a aquellas que no constituyen más que variantes puramente ortográficas. Así, *dirige* y *dirija; alzo alce; pago, pague; saco, saque,* etc.

Conjugación regular

Caracteres distintivos. El primer grupo de los verbos regulares, aquellos cuyo infinitivo termina en *-ar*, es sin duda el más numeroso de todos. Los verbos de nueva creación se adaptan a este paradigma, así como los que se forman por derivación mediante sufijo y terminan en *-ear (plantear)*, *-ficar (plantificar)*, *-izar (dramatizar)* o *-ntar (atragantar)*.

Las segunda y tercera conjugación presentan una estabilidad mucho más reducida que la primera, con frecuente vacilación entre las terminaciones *-er* e *-ir*, fenómeno que se viene produciendo desde los orígenes del castellano.

Si se considera el vocalismo de la raíz verbal, es decir la penúltima sílaba del infinitivo, puede afirmarse que son regulares, aunque algunos requieran una acentuación prosódica, los verbos de la primera conjugación cuya raíz tiene una de las vocales *a, i* o *u* (excepto *andar* y *jugar*), los que tienen diptongo en la penúltima sílaba del infinitivo (*peinar, defraudar, inquietar, enviudar,* etc.) y los que terminan en *-aar, ear, -iar, -oar* y *-uar*. También son verbos regulares los de la tercera conjugación con diptongo en la penúltima sílaba del infinitivo (*aplaudir, persuadir, reunir,* etc.).

Como ya señalamos, existen unos verbos regulares fonéticamente, pero que, por razones ortográficas, presentan una irregularidad aparente en el lenguaje escrito. En el cuadro siguiente se enumeran estas modificaciones gráficas y, después de la conjugación de los verbos verdaderamente irregulares, figura la de aquellos que pueden servir de modelo para los que sufren estas variaciones ortográficas o prosódicas en ciertos tiempos y personas :

Conjugación	Terminación	Transformación	Circunstancia	Ejemplo
Primera	-car	c → qu	delante de e	sacar
	-gar	g → gu	delante de e	pagar
	-zar	z → c	delante de e	cazar
Segunda	-cer	c → z	delante de a, o	mecer
	-ger	g → j	delante de a, o	proteger
	-eer	i → y	entre dos vocales y sin acento tónico	poseer
Tercera	-cir	c → z	delante de a, o	zurcir
	-gir	g → j	delante de a, o	dirigir
	-guir	u desaparece	delante de a, o	distinguir
	-quir	qu → c	delante de a, o	delinquir

Acentuación de los verbos terminados en *-iar*. Los verbos cuyo infinitivo termina en *-iar* se subdividen en dos grupos, según que acentúen o no la *i* en las personas del singular y en la tercera del plural de los tres presentes (indicativo, subjuntivo e imperativo). Véase la diferencia en el acento prosódico entre las formas *guío* (primer grupo) y *alivio* (segundo grupo). El verbo *guiar* sirve de modelo para los verbos que sufren esta alteración prosódica y figura en el cuadro que lleva el número 75.

He aquí la lista de los principales verbos que se conjugan de acuerdo con este modelo :

aliar	desataviar	jipiar
amnistiar	desaviar	liar
ampliar	descarriar	litografiar
arriar	desconfiar	malcriar
ataviar	desliar	mecanografiar
averiar	desvariar	ortografiar
aviar	desviar	piar
biografiar	enfriar	pipiar
cablegrafiar	enviar	porfiar
calcografiar	espiar	radiografiar
caligrafiar	esquiar	recriar
calofriarse	estriar	resfriar
cartografiar	expiar	rociar
ciar	extasiarse	serigrafiar
cinematografiar	extraviar	taquigrafiar
confiar	fiar	telegrafiar
contrariar	fotografiar	tipografiar
criar	fotolitografiar	variar
chirriar	hastiar	vigiar
desafiar	inventariar	xerografiar

Los demás verbos de la primera conjugación terminados en -iar tienen el acento prosódico en la sílaba que precede a la i. Es decir, no presentan ninguna anomalía, por lo que se adaptan totalmente al paradigma de la primera conjugación (amar) tal como figura más adelante en el modelo número 3.

Este subgrupo es mucho más numeroso que el anterior. A continuación ofrecemos una lista, no exhaustiva, de los principales verbos :

abreviar	desperdiciar	parodiar
acariciar	desquiciar	plagiar
agobiar	elogiar	potenciar
agraviar	enjuiciar	premiar
aliviar	ensuciar	presenciar
angustiar	enturbiar	promediar
anunciar	envidiar	pronunciar
apropiar	escanciar	rabiar
arreciar	evidenciar	radiar
asediar	expoliar	refugiar
atrofiar	fastidiar	remediar
auspiciar	incendiar	renunciar
beneficiar	iniciar	reverenciar
calumniar	injuriar	saciar
cambiar	licenciar	sentenciar
codiciar	lidiar	sitiar
comerciar	limpiar	tapiar
compendiar	maliciar	terciar
contagiar	mediar	testimoniar
copiar	negociar	vanagloriarse
denunciar	odiar	vendimiar
desahuciar	oficiar	viciar

17

Para algunos verbos se vacila entre la acentuación -io e -ío. A título de orientación, puede indicarse que la pronunciación -io es más frecuente en los verbos *afiliar* (afilio), *auxiliar* (auxilio), *conciliar, filiar* y *reconciliar*, mientras que el acento sobre la *i* parece tener preferencia en *ansiar* (ansío), *expatriar* (expatrío), *gloriar, repatriar* y *zurriar*.

Afinidad entre verbos terminados en *-iar* y en *-ear*.

Existe una cierta afinidad entre los verbos terminados en *-iar* del segundo subgrupo (pronunciación -io) y aquellos otros que terminan en *-ear*. Esta afinidad se manifiesta sobre todo en el lenguaje popular de algunos territorios americanos, donde se ha producido una fusión más o menos completa de sus formas silábicas y acentuales. Así por ejemplo, en el habla de los gauchos argentinos, es bastante corriente el empleo del verbo *galopear* en formas tales como *galopiamos* o *galopiara*. Unos versos del Canto VI del célebre poema gauchesco *Martín Fierro*, del escritor argentino José Hernández (1834-1886), ilustran clara y perfectamente este uso dialectal :

> Y en medio de las aspas
> Un planazo le asenté
> Que lo largó culebriando
> lo mismo que buscapié.
>
> Le coloriaron las motas
> Con la sangre de la herida,
> Y volvió a venir jurioso
> Como una tigra parida.

Verbos terminados en *-uar*.

Los verbos terminados en *-uar* se dividen, al igual que los acabados en *-iar*, en dos subgrupos, según se acentúe o no la *u* en las personas del singular y en la tercera del plural de los tres presentes (indicativo, subjuntivo e imperativo). Véase la diferencia entre *actúo* (primer grupo) y *averiguo* (segundo grupo). La conjugación del verbo *actuar* figura en el cuadro que lleva el número 76.

He aquí la lista de los principales verbos que se conjugan de acuerdo con este modelo en cuanto a localización del acento prosódico :

acensuar	efectuar	menstruar
acentuar	evaluar	perpetuar
atenuar	extenuar	puntuar
avaluar	fluctuar	redituar
continuar	graduar	revaluar
deshabituar	habituar	situar
desvirtuar	individuar	tatuar
devaluar	infatuar	usufructuar
discontinuar	insinuar	valuar

Los demás verbos de la primera conjugación y terminados en *-uar* llevan el acento prosódico en la sílaba que precede a la *u*. Se trata concretamente de aquellos verbos cuyo infinitivo termina en *-cuar* o *-guar*. Por lo tanto, no presentan anomalía prosódica alguna y se conjugan conforme al paradigma de la primera conjugación (*amar*, modelo número 3) o al verbo *averiguar* (número 77).

He aquí una lista con los principales verbos de este subgrupo :

adecuar	antiguar	desaguar
aguar	apaciguar	desmenguar
amaniguarse	apropincuarse	evacuar
amenguar	atestiguar	fraguar
amortiguar	atreguar	menguar
anticuar	averiguar	oblicuar

Cabe añadir que *licuar* y *promiscuar* admiten las dos pronunciaciones.

Conjugación irregular

La mayor parte de las irregularidades de la conjugación española afectan a la raíz verbal. Vamos a exponer las más corrientes en un cuadro sinóptico, aunque existen otras de carácter excepcional y de más difícil sistematización, como son los verbos con más de una raíz y las alteraciones que experimentan ciertos futuros, condicionales, participios y gerundios :

CLASES DE IRREGULARIDAD

Vocálica	debilitación	e → i	*pedir, pidió*
		o → u	*morir, murió*
	diptongación	e → ie	*querer, quiero*
		o → ue	*volver, vuelvo*
		i → ie	*inquirir, inquiero*
		u → ue	*jugar, juego*
Conso-nántica	sustitución de consonante		*hacer, haga; haber, haya*
	adición de consonante	a la consonante final de la raíz	*nacer, nazco; salir, salgo*
		a la última vocal de la raíz	*huir, huyo; oír, oye*
Mixta	sustitución	vocal + cons. por otra vocal y cons.	*decir, digo; caber, quepo*
	agregación	de -*ig* a la última vocal de la raíz	*oír, oigo; caer, caigo*

Existen dos verbos que tienen más de una raíz :

INFINITIVO	PRESENTE	PRET. IMP.	PRET. PERF. SIMPLE
ser	soy	era	fui
ir	voy	iba	fui

Algunos verbos pierden la e o la i (síncopa) de las terminaciones -er e -ir del infinitivo cuando entran en la formación de los tiempos futuro de indicativo y condicional :

INFINITIVO	FUTURO	CONDICIONAL
haber	habré	habría
caber	cabré	cabría
saber	sabré	sabría
poder	podré	podría

Transformaciones más complejas experimentan los siguientes verbos :

INFINITIVO	FUTURO	CONDICIONAL
hacer	haré	haría
querer	querré	querría
decir	diré	diría

Y otros interponen una d entre la última consonante de la raíz y la r del infinitivo :

INFINITIVO	FUTURO	CONDICIONAL
poner	pondré	pondría
tener	tendré	tendría
valer	valdré	valdría
salir	saldré	saldría
venir	vendré	vendría

Existen verbos regulares que tienen el participio irregular y otros que tienen dos participios, uno regular y otro irregular. En este caso, las terminaciones pueden ser -cho (hecho), -jo (fijo), -so (impreso) o -to (escrito). Las listas de estos verbos figuran en los apéndices III y IV.

En cuanto al gerundio, los verbos de irregularidad vocálica del tipo e → i y o → u, como pedir y morir, construyen esta forma por debilitación : pidiendo, muriendo. No existe otra irregularidad real en los gerundios, salvo las de los verbos poder y venir : pudiendo, viniendo.

Debemos consignar, por último, que en casi todos los casos la irregularidad no suele presentarse sola, sino asociada a otra u otras.

Después de estas consideraciones generales acerca de la regularidad e irregularidad de los verbos, figuran los modelos de los verbos auxiliares, regulares, irregulares o con modificaciones ortográficas y prosódicas, conjugados en su totalidad, los cuales van numerados y sirven para conjugar todos los que figuran en la lista alfabética que sigue y que tienen un número de referencia.

Estos modelos se exponen en voz activa, pero antes presentamos un verbo en voz pasiva (amar) y otro en conjugación pronominal (lavarse).

Por razones tipográficas, y para una mejor sistematización de los cuadros, hemos prescindido de anteponer los pronombres personales en cada tiempo, cosa que además se revela generalmente innecesaria en castellano, salvo en algunos casos de ambigüedad o para añadir mayor énfasis. Estos pronombres son los siguientes :

1ª pers.	yo	nosotros
2ª pers.	tú	vosotros
3ª pers.	él, ella, ello	ellos, ellas

Modelos para la conjugación

Auxiliares

1 haber
2 ser

Verbos regulares

3 amar (modelo 1ª conjugación)
4 temer (modelo 2ª conjugación)
5 partir (modelo 3ª conjugación)

Verbos irregulares

6	pedir	28	erguir	50	caer
7	tañer	29	dormir	51	traer
8	teñir	30	adquirir	52	raer
9	bruñir	31	podrir	53	roer
10	reír	32	jugar	54	leer
11	acertar	33	hacer	55	ver
12	errar	34	yacer	56	dar
13	tender	35	parecer	57	estar
14	querer	36	nacer	58	ir
15	tener	37	conocer	59	andar
16	poner	38	lucir	60	trocar
17	discernir	39	conducir	61	colgar
18	venir	40	placer	62	agorar
19	sonar	41	asir	63	negar
20	desosar	42	salir	64	comenzar
21	volver	43	valer	65	avergonzar
22	moler	44	huir	66	satisfacer
23	cocer	45	oír	67	regir
24	oler	46	decir	68	seguir
25	mover	47	predecir	69	embaír
26	poder	48	caber	70	abolir
27	sentir	49	saber		

Verbos con modificaciones ortográficas o prosódicas

71	sacar	78	airar	85	zurcir
72	pagar	79	ahincar	86	dirigir
73	cazar	80	cabrahigar	87	distinguir
74	forzar	81	enraizar	88	delinquir
75	guiar	82	aullar	89	prohibir
76	actuar	83	mecer	90	reunir
77	averiguar	84	proteger		

Conjugación pasiva

Cada uno de los tiempos figura con la denominación de la Real Academia Española de la Lengua y, en la parte inferior, la postulada por Andrés Bello.

_____ INDICATIVO _____

Presente
(Bello : Presente)

soy	amado
eres	amado
es	amado
somos	amados
sois	amados
son	amados

Pret. perf. comp.
(Bello : Antepresente)

he	sido	amado
has	sido	amado
ha	sido	amado
hemos	sido	amados
habéis	sido	amados
han	sido	amados

Pret. imperf.
(Bello : Copretérito)

era	amado
eras	amado
era	amado
éramós	amados
erais	amados
eran	amados

Pret. pluscuamp.
(Bello : Antecopretérito)

había	sido	amado
habías	sido	amado
había	sido	amado
habíamos	sido	amados
habíais	sido	amados
habían	sido	amados

Pret. perf. simple
(Bello : Pretérito)

fui	amado
fuiste	amado
fue	amado
fuimos	amados
fuisteis	amados
fueron	amados

Pret. anterior
(Bello : Antepretérito)

hube	sido	amado
hubiste	sido	amado
hubo	sido	amado
hubimos	sido	amados
hubisteis	sido	amados
hubieron	sido	amados

Futuro
(Bello : Futuro)

seré	amado
serás	amado
será	amado
seremos	amados
seréis	amados
serán	amados

Futuro perf.
(Bello : Antefuturo)

habré	sido	amado
habrás	sido	amado
habrá	sido	amado
habremos	sido	amados
habréis	sido	amados
habrán	sido	amados

Condicional
(Bello : Pospretérito)

sería	amado
serías	amado
sería	amado
seríamos	amados
seríais	amados
serían	amados

Condicional perf.
(Bello : Antepospretérito)

habría	sido	amado
habrías	sido	amado
habría	sido	amado
habríamos	sido	amados
habríais	sido	amados
habrían	sido	amados

_____ SUBJUNTIVO _____

Presente
(Bello : Presente)

sea	amado
seas	amado
sea	amado
seamos	amados
seáis	amados
sean	amados

Pret. perf.
(Bello : Antepresente)

haya	sido	amado
hayas	sido	amado
haya	sido	amado
hayamos	sido	amados
hayáis	sido	amados
hayan	sido	amados

Pret. imperf.
(Bello : Pretérito)

fuera	
o fuese	amado
fueras	
o fueses	amado
fuera	
o fuese	amado
fuéramos	
o fuésemos	amados
fuerais	
o fueseis	amados
fueran	
o fuesen	amados

Pret. pluscuamp.
(Bello : Antepretérito)

hubiera		
o hubiese	sido	amado
hubieras		
o hubieses	sido	amado
hubiera		
o hubiese	sido	amado
hubiéramos		
o hubiésemos	sido	amados
hubierais		
o hubieseis	sido	amados
hubieran		
o hubiesen	sido	amados

Futuro
(Bello : Futuro)

fuere	amado
fueres	amado
fuere	amado
fuéremos	amados
fuereis	amados
fueren	amados

Futuro perf.
(Bello : Antefuturo)

hubiere	sido	amado
hubieres	sido	amado
hubiere	sido	amado
hubiéremos	sido	amados
hubiereis	sido	amados
hubieren	sido	amados

_____ IMPERATIVO _____

Presente

sé	tú	amado
sea	él	amado
seamos	nosotros	amados
sed	vosotros	amados
sean	ellos	amados

_____ FORMAS NO PERSONALES _____

Infinitivo
ser amado

Infinitivo compuesto
haber sido amado

Gerundio
siendo amado

Gerundio compuesto
habiendo sido amado

Participio
sido amado

Conjugación pronominal

INDICATIVO

Presente (Presente)	Pret. perf. comp. (Antepresente)	
me lavo	me he	lavado
te lavas	te has	lavado
se lava	se ha	lavado
nos lavamos	nos hemos	lavado
os laváis	os habéis	lavado
se lavan	se han	lavado

Pret. imperf. (Copretérito)	Pret. pluscuamp. (Antecopretérito)	
me lavaba	me había	lavado
te lavabas	te habías	lavado
se lavaba	se había	lavado
nos lavábamos	nos habíamos	lavado
os lavabais	os habíais	lavado
se lavaban	se habían	lavado

Pret. perf. simple (Pretérito)	Pret. anterior (Antepretérito)	
me lavé	me hube	lavado
te lavaste	te hubiste	lavado
se lavó	se hubo	lavado
nos lavamos	nos hubimos	lavado
os lavasteis	os hubisteis	lavado
se lavaron	se hubieron	lavado

Futuro (Futuro)	Futuro perf. (Antefuturo)	
me lavaré	me habré	lavado
te lavarás	te habrás	lavado
se lavará	se habrá	lavado
nos lavaremos	nos habremos	lavado
os lavaréis	os habréis	lavado
se lavarán	se habrán	lavado

Condicional (Pospretérito)	Condicional perf. (Antepospretérito)	
me lavaría	me habría	lavado
te lavarías	te habrías	lavado
se lavaría	se habría	lavado
nos lavaríamos	nos habríamos	lavado
os lavaríais	os habríais	lavado
se lavarían	se habrían	lavado

SUBJUNTIVO

Presente (Presente)	Pret. perf. (Antepresente)	
me lave	me haya	lavado
te laves	te hayas	lavado
se lave	se haya	lavado
nos lavemos	nos hayamos	lavado
os lavéis	os hayáis	lavado
se laven	se hayan	lavado

Pret. imperf. (Pretérito)	Pret. pluscuamp. (Antepretérito)	
me lavara	me hubiera	
o lavase	o hubiese	lavado
te lavaras	te hubieras	
o lavases	o hubieses	lavado
se lavara	se hubiera	
o lavase	o hubiese	lavado
nos laváramos	nos hubiéramos	
o lavásemos	o hubiésemos	lavado
os lavarais	os hubierais	
o lavaseis	o hubieseis	lavado
se lavaran	se hubieran	
o lavasen	o hubiesen	lavado

Futuro (Futuro)	Futuro perf. (Antefuturo)	
me lavare	me hubiere	lavado
te lavares	te hubieres	lavado
se lavare	se hubiere	lavado
nos laváremos	nos hubiéremos	lavado
os lavareis	os hubiereis	lavado
se lavaren	se hubieren	lavado

IMPERATIVO

Presente

lávate	tú
lávese	él
lavémonos	nosotros
lavaos	vosotros
lávense	ellos

FORMAS NO PERSONALES

Infinitivo	**Infinitivo compuesto**
lavarse	haberse lavado
Gerundio	**Gerundio compuesto**
lavándose	habiéndose lavado
Participio	
(no existe)	

1 haber

INDICATIVO

Presente (Presente)	Pret. perf. comp. (Antepresente)	
he	he	habido
has	has	habido
ha*	ha	habido
hemos	hemos	habido
habéis	habéis	habido
han	han	habido

Pret. imperf. (Copretérito)	Pret. pluscuamp. (Antecopretérito)	
había	había	habido
habías	habías	habido
había	había	habido
habíamos	habíamos	habido
habíais	habíais	habido
habían	habían	habido

Pret. perf. simple (Pretérito)	Pret. anterior (Antepretérito)	
hube	hube	habido
hubiste	hubiste	habido
hubo	hubo	habido
hubimos	hubimos	habido
hubisteis	hubisteis	habido
hubieron	hubieron	habido

Futuro (Futuro)	Futuro perf. (Antefuturo)	
habré	habré	habido
habrás	habrás	habido
habrá	habrá	habido
habremos	habremos	habido
habréis	habréis	habido
habrán	habrán	habido

Condicional (Pospretérito)	Condicional perf. (Antepospretérito)	
habría	habría	habido
habrías	habrías	habido
habría	habría	habido
habríamos	habríamos	habido
habríais	habríais	habido
habrían	habrían	habido

SUBJUNTIVO

Presente (Presente)	Pret. perf. (Antepresente)	
haya	haya	habido
hayas	hayas	habido
haya	haya	habido
hayamos	hayamos	habido
hayáis	hayáis	habido
hayan	hayan	habido

Pret. imperf. (Pretérito)	Pret. pluscuamp. (Antepretérito)	
hubiera	hubiera	
o hubiese	o hubiese	habido
hubieras	hubieras	
o hubieses	o hubieses	habido
hubiera	hubiera	
o hubiese	o hubiese	habido
hubiéramos	hubiéramos	
o hubiésemos	o hubiésemos	habido
hubierais	hubierais	
o hubieseis	o hubieseis	habido
hubieran	hubieran	
o hubiesen	o hubiesen	habido

Futuro (Futuro)	Futuro perf. (Antefuturo)	
hubiere	hubiere	habido
hubieres	hubieres	habido
hubiere	hubiere	habido
hubiéremos	hubiéremos	habido
hubiereis	hubiereis	habido
hubieren	hubieren	habido

IMPERATIVO

Presente

he	tú
haya	él
hayamos	nosotros
habed	vosotros
hayan	ellos

FORMAS NO PERSONALES

Infinitivo	Infinitivo compuesto
haber	haber habido
Gerundio	**Gerundio compuesto**
habiendo	habiendo habido
Participio	
habido	

* Cuando este verbo se usa impersonalmente, la 3ª persona del singular es *hay*.

___ INDICATIVO ___

Presente (Presente)	Pret. perf. comp. (Antepresente)	
soy	he	sido
eres	has	sido
es	ha	sido
somos	hemos	sido
sois	habéis	sido
son	han	sido

Pret. imperf. (Copretérito)	Pret. pluscuamp. (Antecopretérito)	
era	había	
eras	habías	sido
era	había	sido
éramos	habíamos	sido
erais	habíais	sido
eran	habían	sido

Pret. perf. simple (Pretérito)	Pret. anterior (Antepretérito)	
fui	hube	sido
fuiste	hubiste	sido
fue	hubo	sido
fuimos	hubimos	sido
fuisteis	hubisteis	sido
fueron	hubieron	sido

Futuro (Futuro)	Futuro perf. (Antefuturo)	
seré	habré	sido
serás	habrás	sido
será	habrá	sido
seremos	habremos	sido
seréis	habréis	sido
serán	habrán	sido

Condicional (Pospretérito)	Condicional perf. (Antepospretérito)	
sería	habría	sido
serías	habrías	sido
sería	habría	sido
seríamos	habríamos	sido
seríais	habríais	sido
serían	habrían	sido

___ SUBJUNTIVO ___

Presente (Presente)	Pret. perf. (Antepresente)	
sea	haya	sido
seas	hayas	sido
sea	haya	sido
seamos	hayamos	sido
seáis	hayáis	sido
sean	hayan	sido

Pret. imperf. (Pretérito)	Pret. pluscuamp. (Antepretérito)	
fuera	hubiera	
o fuese	o hubiese	sido
fueras	hubieras	
o fueses	o hubieses	sido
fuera	hubiera	
o fuese	o hubiese	sido
fuéramos	hubiéramos	
o fuésemos	o hubiésemos	sido
fuerais	hubierais	
o fueseis	o hubieseis	sido
fueran	hubieran	
o fuesen	o hubiesen	sido

Futuro (Futuro)	Futuro perf. (Antefuturo)	
fuere	hubiere	sido
fueres	hubieres	sido
fuere	hubiere	sido
fuéremos	hubiéremos	sido
fuereis	hubiereis	sido
fueren	hubieren	sido

IMPERATIVO ___

Presente	
sé	tú
sea	él
seamos	nosotros
sed	vosotros
sean	ellos

FORMAS NO PERSONALES ___

Infinitivo	Infinitivo compuesto
ser	haber sido
Gerundio	**Gerundio compuesto**
siendo	habiendo sido
Participio	
sido	

3 amar

—— INDICATIVO ——

Presente (Presente)	Pret. perf. comp. (Antepresente)	
amo	he	amado
amas	has	amado
ama	ha	amado
amamos	hemos	amado
amáis	habéis	amado
aman	han	amado

Pret. imperf. (Copretérito)	Pret. pluscuamp. (Antecopretérito)	
amaba	había	amado
amabas	habías	amado
amaba	había	amado
amábamos	habíamos	amado
amabais	habíais	amado
amaban	habían	amado

Pret. perf. simple (Preterito)	Pret. anterior (Antepretérito)	
amé	hube	amado
amaste	hubiste	amado
amó	hubo	amado
amamos	hubimos	amado
amasteis	hubisteis	amado
amaron	hubieron	amado

Futuro (Futuro)	Futuro perf. (Antefuturo)	
amaré	habré	amado
amarás	habrás	amado
amará	habrá	amado
amaremos	habremos	amado
amaréis	habréis	amado
amarán	habrán	amado

Condicional (Pospretérito)	Condicional perf. (Antepospretérito)	
amaría	habría	amado
amarías	habrías	amado
amaría	habría	amado
amaríamos	habríamos	amado
amaríais	habríais	amado
amarían	habrían	amado

—— SUBJUNTIVO ——

Presente (Presente)	Pret. perf. (Antepresente)	
ame	haya	amado
ames	hayas	amado
ame	haya	amado
amemos	hayamos	amado
améis	hayáis	amado
amen	hayan	amado

Pret. imperf. (Pretérito)	Pret. pluscuamp. (Antepretérito)	
amara	hubiera	
o amase	o hubiese	amado
amaras	hubieras	
o amases	o hubieses	amado
amara	hubiera	
o amase	o hubiese	amado
amáramos	hubiéramos	
o amásemos	o hubiésemos	amado
amarais	hubierais	
o amaseis	o hubieseis	amado
amaran	hubieran	
o amasen	o hubiesen	amado

Futuro (Futuro)	Futuro perf. (Antefuturo)	
amare	hubiere	amado
amares	hubieres	amado
amare	hubiere	amado
amáremos	hubiéremos	amado
amareis	hubiereis	amado
amaren	hubieren	amado

IMPERATIVO ——

Presente

ama	tú
ame	él
amemos	nosotros
amad	vosotros
amen	ellos

FORMAS NO PERSONALES ——

Infinitivo	Infinitivo compuesto
amar	haber amado
Gerundio	**Gerundio compuesto**
amando	habiendo amado
Participio	
amado	

4 temer

_____ INDICATIVO _____			_____ SUBJUNTIVO _____		

Presente (Presente)	Pret. perf. comp. (Antepresente)		Presente (Presente)	Pret. perf. (Antepresente)	
temo	he	temido	tema	haya	temido
temes	has	temido	temas	hayas	temido
teme	ha	temido	tema	haya	temido
tememos	hemos	temido	temamos	hayamos	temido
teméis	habéis	temido	temáis	hayáis	temido
temen	han	temido	teman	hayan	temido

Pret. imperf. (Copretérito)	Pret. pluscuamp. (Antecopretérito)		Pret. imperf. (Pretérito)	Pret. pluscuamp. (Antepretérito)	
temía	había	temido	temiera	hubiera	
temías	habías	temido	o temiese	o hubiese	temido
temía	había	temido	temieras	hubieras	
temíamos	habíamos	temido	o temieses	o hubieses	temido
temíais	habíais	temido	temiera	hubiera	
temían	habían	temido	o temiese	o hubiese	temido
			temiéramos	hubiéramos	
			o temiésemos	o hubiésemos	temido
			temierais	hubierais	
			o temieseis	o hubieseis	temido
			temieran	hubieran	
			o temiesen	o hubiesen	temido

Pret. perf. simple (Pretérito)	Pret. anterior (Antepretérito)	
temí	hube	temido
temiste	hubiste	temido
temió	hubo	temido
temimos	hubimos	temido
temisteis	hubisteis	temido
temieron	hubieron	temido

Futuro (Futuro)	Futuro perf. (Antefuturo)	
temiere	hubiere	temido
temieres	hubieres	temido
temiere	hubiere	temido
temiéremos	hubiéremos	temido
temiereis	hubiereis	temido
temieren	hubieren	temido

Futuro (Futuro)	Futuro perf. (Antefuturo)	
temeré	habré	temido
temerás	habrás	temido
temerá	habrá	temido
temeremos	habremos	temido
temeréis	habréis	temido
temerán	habrán	temido

_____ IMPERATIVO _____

Presente

teme	tú
tema	él
temamos	nosotros
temed	vosotros
teman	ellos

Condicional (Pospretérito)	Condicional perf. (Antepospretérito)	
temería	habría	temido
temerías	habrías	temido
temería	habría	temido
temeríamos	habríamos	temido
temeríais	habríais	temido
temerían	habrían	temido

FORMAS NO PERSONALES _____

Infinitivo	Infinitivo compuesto
temer	haber temido
Gerundio	**Gerundio compuesto**
temiendo	habiendo temido
Participio	
temido	

5 partir

—— INDICATIVO ——

Presente (Presente)	Pret. perf. comp. (Antepresente)	
parto	he	partido
partes	has	partido
parte	ha	partido
partimos	hemos	partido
partís	habéis	partido
parten	han	partido

Pret. imperf. (Copretérito)	Pret. pluscuamp. (Antecopretérito)	
partía	había	partido
partías	habías	partido
partía	había	partido
partíamos	habíamos	partido
partíais	habíais	partido
partían	habían	partido

Pret. perf. simple (Pretérito)	Pret. anterior (Antepretérito)	
partí	hube	partido
partiste	hubiste	partido
partió	hubo	partido
partimos	hubimos	partido
partisteis	hubisteis	partido
partieron	hubieron	partido

Futuro (Futuro)	Futuro perf. (Antefuturo)	
partiré	habré	partido
partirás	habrás	partido
partirá	habrá	partido
partiremos	habremos	partido
partiréis	habréis	partido
partirán	habrán	partido

Condicional (Pospretérito)	Condicional perf. (Antepospretérito)	
partiría	habría	partido
partirías	habrías	partido
partiría	habría	partido
partiríamos	habríamos	partido
partiríais	habríais	partido
partirían	habrían	partido

—— SUBJUNTIVO ——

Presente (Presente)	Pret. perf. (Antepresente)	
parta	haya	partido
partas	hayas	partido
parta	haya	partido
partamos	hayamos	partido
partáis	hayáis	partido
partan	hayan	partido

Pret. imperf. (Pretérito)	Pret. pluscuamp. (Antepretérito)	
partiera	hubiera	
o partiese	o hubiese	partido
partieras	hubieras	
o partieses	o hubieses	partido
partiera	hubiera	
o partiese	o hubiese	partido
partiéramos	hubiéramos	
o partiésemos	o hubiésemos	partido
partierais	hubierais	
o partieseis	o hubieseis	partido
partieran	hubieran	
o partiesen	o hubiesen	partido

Futuro (Futuro)	Futuro perf. (Antefuturo)	
partiere	hubiere	partido
partieres	hubieres	partido
partiere	hubiere	partido
partiéremos	hubiéremos	partido
partiereis	hubiereis	partido
partieren	hubieren	partido

IMPERATIVO ——

Presente

parte	tú
parta	él
partamos	nosotros
partid	vosotros
partan	ellos

FORMAS NO PERSONALES ——

Infinitivo	Infinitivo compuesto
partir	haber partido
Gerundio	**Gerundio compuesto**
partiendo	habiendo partido
Participio	
partido	

___ INDICATIVO ___

Presente (Presente)	Pret. perf. comp. (Antepresente)	
pido	he	pedido
pides	has	pedido
pide	ha	pedido
pedimos	hemos	pedido
pedís	habéis	pedido
piden	han	pedido

Pret. imperf. (Copretérito)	Pret. pluscuamp. (Antecopretérito)	
pedía	había	pedido
pedías	habías	pedido
pedía	había	pedido
pedíamos	habíamos	pedido
pedíais	habíais	pedido
pedían	habían	pedido

Pret. perf simple (Pretérito)	Pret. anterior (Antepretérito)	
pedí	hube	pedido
pediste	hubiste	pedido
pidió	hubo	pedido
pedimos	hubimos	pedido
pedisteis	hubisteis	pedido
pidieron	hubieron	pedido

Futuro (Futuro)	Futuro perf. (Antefuturo)	
pediré	habré	pedido
pedirás	habrás	pedido
pedirá	habrá	pedido
pediremos	habremos	pedido
pediréis	habréis	pedido
pedirán	habrán	pedido

Condicional (Pospretérito)	Condicional perf. (Antepospretérito)	
pediría	habría	pedido
pedirías	habrías	pedido
pediría	habría	pedido
pediríamos	habríamos	pedido
pediríais	habríais	pedido
pedirían	habrían	pedido

___ SUBJUNTIVO ___

Presente (Presente)	Pret. perf. (Antepresente)	
pida	haya	pedido
pidas	hayas	pedido
pida	haya	pedido
pidamos	hayamos	pedido
pidáis	hayáis	pedido
pidan	hayan	pedido

Pret. imperf. (Pretérito)	Pret. pluscuamp. (Antepretérito)	
pidiera o pidiese	hubiera o hubiese	pedido
pidieras o pidieses	hubieras o hubieses	pedido
pidiera o pidiese	hubiera o hubiese	pedido
pidiéramos o pidiésemos	hubiéramos o hubiésemos	pedido
pidierais o pidieseis	hubierais o hubieseis	pedido
pidieran o pidiesen	hubieran o hubiesen	pedido

Futuro (Futuro)	Futuro perf. (Antefuturo)	
pidiere	hubiere	pedido
pidieres	hubieres	pedido
pidiere	hubiere	pedido
pidiéremos	hubiéremos	pedido
pidiereis	hubiereis	pedido
pidieren	hubieren	pedido

IMPERATIVO ___

Presente

pide	tú
pida	él
pidamos	nosotros
pedid	vosotros
pidan	ellos

FORMAS NO PERSONALES ___

Infinitivo	Infinitivo compuesto
pedir	haber pedido
Gerundio	**Gerundio compuesto**
pidiendo	habiendo pedido
Participio	
pedido	

INDICATIVO

Presente (Presente)	Pret. perf. comp. (Antepresente)	
taño	he	tañido
tañes	has	tañido
tañe	ha	tañido
tañemos	hemos	tañido
tañéis	habéis	tañido
tañen	han	tañido

Pret. imperf. (Copretérito)	Pret. pluscuamp. (Antecopretérito)	
tañía	había	tañido
tañías	habías	tañido
tañía	había	tañido
tañíamos	habíamos	tañido
tañíais	habíais	tañido
tañían	habían	tañido

Pret. perf. simple (Pretérito)	Pret. anterior (Antepretérito)	
tañí	hube	tañido
tañiste	hubiste	tañido
tañó	hubo	tañido
tañimos	hubimos	tañido
tañisteis	hubisteis	tañido
tañeron	hubieron	tañido

Futuro (Futuro)	Futuro perf. (Antefuturo)	
tañeré	habré	tañido
tañerás	habrás	tañido
tañerá	habrá	tañido
tañeremos	habremos	tañido
tañeréis	habréis	tañido
tañerán	habrán	tañido

Condicional (Pospretérito)	Condicional perf. (Antepospretérito)	
tañería	habría	tañido
tañerías	habrías	tañido
tañería	habría	tañido
tañeríamos	habríamos	tañido
tañeríais	habríais	tañido
tañerían	habrían	tañido

SUBJUNTIVO

Presente (Presente)	Pret. perf. (Antepresente)	
taña	haya	tañido
tañas	hayas	tañido
taña	haya	tañido
tañamos	hayamos	tañido
tañáis	hayáis	tañido
tañan	hayan	tañido

Pret. imperf. (Pretérito)	Pret. pluscuamp. (Antepretérito)	
tañera	hubiera	
o tañese	o hubiese	tañido
tañeras	hubieras	
o tañeses	o hubieses	tañido
tañera	hubiera	
o tañese	o hubiese	tañido
tañéramos	hubiéramos	
o tañésemos	o hubiésemos	tañido
tañerais	hubierais	
o tañeseis	o hubieseis	tañido
tañeran	hubieran	
o tañesen	o hubiesen	tañido

Futuro (Futuro)	Futuro perf. (Antefuturo)	
tañere	hubiere	tañido
tañeres	hubieres	tañido
tañere	hubiere	tañido
tañéremos	hubiéremos	tañido
tañereis	hubiereis	tañido
tañeren	hubieren	tañido

IMPERATIVO

Presente

tañe	tú
taña	él
tañamos	nosotros
tañed	vosotros
tañan	ellos

FORMAS NO PERSONALES

Infinitivo	Infinitivo compuesto
tañer	haber tañido
Gerundio	Gerundio compuesto
tañendo	habiendo tañido
Participio	
tañido	

teñir 8

___ INDICATIVO ___

Presente (Presente)	Pret. perf. comp. (Antepresente)		
tiño	he	teñido
tiñes	has	teñido
tiñe	ha	teñido
teñimos	hemos	teñido
teñís	habéis	teñido
tiñen	han	teñido

Pret. imperf. (Copretérito)	Pret. pluscuamp. (Antecopretérito)	
teñía	había	teñido
teñías	habías	teñido
teñía	había	teñido
teñíamos	habíamos	teñido
teñíais	habíais	teñido
teñían	habían	teñido

Pret. perf. simple (Pretérito)	Pret. anterior (Antepretérito)	
teñí	hube	teñido
teñiste	hubiste	teñido
tiñó	hubo	teñido
teñimos	hubimos	teñido
teñisteis	hubisteis	teñido
tiñeron	hubieron	teñido

Futuro (Futuro)	Futuro perf. (Antefuturo)	
teñiré	habré	teñido
teñirás	habrás	teñido
teñirá	habrá	teñido
teñiremos	habremos	teñido
teñiréis	habréis	teñido
teñirán	habrán	teñido

Condicional (Pospretérito)	Condicional perf. (Antepospretérito)	
teñiría	habría	teñido
teñirías	habrías	teñido
teñiría	habría	teñido
teñiríamos	habríamos	teñido
teñiríais	habríais	teñido
teñirían	habrían	teñido

___ SUBJUNTIVO ___

Presente (Presente)	Pret. perf. (Antepresente)	
tiña	haya	teñido
tiñas	hayas	teñido
tiña	haya	teñido
tiñamos	hayamos	teñido
tiñáis	hayáis	teñido
tiñan	hayan	teñido

Pret. imperf. (Pretérito)	Pret. pluscuamp. (Antepretérito)	
tiñera	hubiera	
o tiñese	o hubiese	teñido
tiñeras	hubieras	
o tiñeses	o hubieses	teñido
tiñera	hubiera	
o tiñese	o hubiese	teñido
tiñéramos	hubiéramos	
o tiñésemos	o hubiésemos	teñido
tiñerais	hubierais	
o tiñeseis	o hubieseis	teñido
tiñeran	hubieran	
o tiñesen	o hubiesen	teñido

Futuro (Futuro)	Futuro perf. (Antefuturo)	
tiñere	hubiere	teñido
tiñeres	hubieres	teñido
tiñere	hubiere	teñido
tiñéremos	hubiéremos	teñido
tiñereis	hubiereis	teñido
tiñeren	hubieren	teñido

IMPERATIVO ___

Presente

tiñe	tú
tiña	él
tiñamos	nosotros
teñid	vosotros
tiñan	ellos

FORMAS NO PERSONALES ___

Infinitivo	Infinitivo compuesto
teñir	haber teñido
Gerundio	**Gerundio compuesto**
tiñendo	habiendo teñido
Participio	
teñido	

INDICATIVO

Presente	Pret. perf. comp.
(Presente)	(Antepresente)
bruño	he bruñido
bruñes	has bruñido
bruñe	ha bruñido
bruñimos	hemos bruñido
bruñís	habéis bruñido
bruñen	han bruñido

Pret. imperf.	Pret. pluscuamp.
(Copretérito)	(Antecopretérito)
bruñía	había bruñido
bruñías	habías bruñido
bruñía	había bruñido
bruñíamos	habíamos bruñido
bruñíais	habíais bruñido
bruñían	habían bruñido

Pret. perf. simple	Pret. anterior
(Pretérito)	(Antepretérito)
bruñí	hube bruñido
bruñiste	hubiste bruñido
bruñó	hubo bruñido
bruñimos	hubimos bruñido
bruñisteis	hubisteis bruñido
bruñeron	hubieron bruñido

Futuro	Futuro perf.
(Futuro)	(Antefuturo)
bruñiré	habré bruñido
bruñirás	habrás bruñido
bruñirá	habrá bruñido
bruñiremos	habremos bruñido
bruñiréis	habréis bruñido
bruñirán	habrán bruñido

Condicional	Condicional perf.
(Pospretérito)	(Antepospretérito)
bruñiría	habría bruñido
bruñirías	habrías bruñido
bruñiría	habría bruñido
bruñiríamos	habríamos bruñido
bruñiríais	habríais bruñido
bruñirían	habrían bruñido

SUBJUNTIVO

Presente	Pret. perf.
(Presente)	(Antepresente)
bruña	haya bruñido
bruñas	hayas bruñido
bruña	haya bruñido
bruñamos	hayamos bruñido
bruñáis	hayáis bruñido
bruñan	hayan bruñido

Pret. imperf.	Pret. pluscuamp.
(Pretérito)	(Antepretérito)
bruñera	hubiera
o bruñese	o hubiese bruñido
bruñeras	hubieras
o bruñeses	o hubieses bruñido
bruñera	hubiera
o bruñese	o hubiese bruñido
bruñéramos	hubiéramos
o bruñésemos	o hubiésemos bruñido
bruñerais	hubierais
o bruñeseis	o hubieseis bruñido
bruñeran	hubieran
o bruñesen	o hubiesen bruñido

Futuro	Futuro perf.
(Futuro)	(Antefuturo)
bruñere	hubiere bruñido
bruñeres	hubieres bruñido
bruñere	hubiere bruñido
bruñéremos	hubiéremos bruñido
bruñereis	hubiereis bruñido
bruñeren	hubieren bruñido

IMPERATIVO

Presente

bruñe	tú
bruña	él
bruñamos	nosotros
bruñid	vosotros
bruñan	ellos

FORMAS NO PERSONALES

Infinitivo	Infinitivo compuesto
bruñir	haber bruñido
Gerundio	**Gerundio compuesto**
bruñendo	habiendo bruñido
Participio	
bruñido	

INDICATIVO

Presente	Pret. perf. comp.
(Presente)	(Antepresente)
río	he reído
ríes	has reído
ríe	ha reído
reímos	hemos reído
reís	habéis reído
ríen	han reído

Pret. imperf.	Pret. pluscuamp.
(Copretérito)	(Antecopretérito)
reía	había reído
reías	habías reído
reía	había reído
reíamos	habíamos reído
reíais	habíais reído
reían	habían reído

Pret. perf. simple	Pret. anterior
(Pretérito)	(Antepretérito)
reí	hube reído
reíste	hubiste reído
rió	hubo reído
reímos	hubimos reído
reísteis	hubisteis reído
rieron	hubieron reído

Futuro	Futuro perf.
(Futuro)	(Antefuturo)
reiré	habré reído
reirás	habrás reído
reirá	habrá reído
reiremos	habremos reído
reiréis	habréis reído
reirán	habrán reído

Condicional	Condicional perf.
(Pospretérito)	(Antepospretérito)
reiría	habría reído
reirías	habrías reído
reiría	habría reído
reiríamos	habríamos reído
reiríais	habríais reído
reirían	habrían reído

SUBJUNTIVO

Presente	Pret. perf.
(Presente)	(Antepresente)
ría	haya reído
rías	hayas reído
ría	haya reído
riamos	hayamos reído
riáis	hayáis reído
rían	hayan reído

Pret. imperf.	Pret. pluscuamp.
(Pretérito)	(Antepretérito)
riera	hubiera
o riese	o hubiese reído
rieras	hubieras
o rieses	o hubieses reído
riera	hubiera
o riese	o hubiese reído
riéramos	hubiéramos
o riésemos	o hubiésemos reído
rierais	hubierais
o rieseis	o hubieseis reído
rieran	hubieran
o riesen	o hubiesen reído

Futuro	Futuro perf.
(Futuro)	(Antefuturo)
riere	hubiere reído
rieres	hubieres reído
riere	hubiere reído
riéremos	hubiéremos reído
riereis	hubiereis reído
rieren	hubieren reído

IMPERATIVO

Presente

ríe	tú
ría	él
riamos	nosotros
reíd	vosotros
rían	ellos

FORMAS NO PERSONALES

Infinitivo	Infinitivo compuesto
reír	haber reído
Gerundio	Gerundio compuesto
riendo	habiendo reído
Participio	
reído	

11 acertar

—— INDICATIVO——

Presente (Presente)	Pret. perf. comp. (Antepresente)	
acierto	he	acertado
aciertas	has	acertado
acierta	ha	acertado
acertamos	hemos	acertado
acertáis	habéis	acertado
aciertan	han	acertado

Pret. imperf. (Copretérito)	Pret. pluscuamp. (Antecopretérito)	
acertaba	había	acertado
acertabas	habías	acertado
acertaba	había	acertado
acertábamos	habíamos	acertado
acertabais	habíais	acertado
acertaban	habían	acertado

Pret. perf. simple (Pretérito)	Pret. anterior (Antepretérito)	
acerté	hube	acertado
acertaste	hubiste	acertado
acertó	hubo	acertado
acertamos	hubimos	acertado
acertasteis	hubisteis	acertado
acertaron	hubieron	acertado

Futuro (Futuro)	Futuro perf. (Antefuturo)	
acertaré	habré	acertado
acertarás	habrás	acertado
acertará	habrá	acertado
acertaremos	habremos	acertado
acertaréis	habréis	acertado
acertarán	habrán	acertado

Condicional (Pospretérito)	Condicional perf. (Antepospretérito)	
acertaría	habría	acertado
acertarías	habrías	acertado
acertaría	habría	acertado
acertaríamos	habríamos	acertado
acertaríais	habríais	acertado
acertarían	habrían	acertado

—— SUBJUNTIVO——

Presente (Presente)	Pret. perf. (Antepresente)	
acierte	haya	acertado
aciertes	hayas	acertado
acierte	haya	acertado
acertemos	hayamos	acertado
acertéis	hayáis	acertado
acierten	hayan	acertado

Pret. imperf. (Pretérito)	Pret. pluscuamp. (Antepretérito)	
acertara	hubiera	
o acertase	o hubiese	acertado
acertaras	hubieras	
o acertases	o hubieses	acertado
acertara	hubiera	
o acertase	o hubiese	acertado
acertáramos	hubiéramos	
o acertásemos	o hubiésemos	acertado
acertarais	hubierais	
o acertaseis	o hubieseis	acertado
acertaran	hubieran	
o acertasen	o hubiesen	acertado

Futuro (Futuro)	Futuro perf. (Antefuturo)	
acertare	hubiere	acertado
acertares	hubieres	acertado
acertare	hubiere	acertado
acertáremos	hubiéremos	acertado
acertareis	hubiereis	acertado
acertaren	hubieren	acertado

IMPERATIVO——

Presente		
acierta	tú	
acierte	él	
acertemos	nosotros	
acertad	vosotros	
acierten	ellos	

FORMAS NO PERSONALES——

Infinitivo	Infinitivo compuesto
acertar	haber acertado
Gerundio	Gerundio compuesto
acertando	habiendo acertado
Participio	
acertado	

errar 12

____ INDICATIVO ____

Presente	Pret. perf. comp.
(Presente)	(Antepresente)
yerro	he errado
yerras	has errado
yerra	ha errado
erramos	hemos errado
erráis	habéis errado
yerran	han errado

Pret. imperf.	Pret. pluscuamp.
(Copretérito)	(Antecopretérito)
erraba	había errado
errabas	habías errado
erraba	había errado
errábamos	habíamos errado
errabais	habíais errado
erraban	habían errado

Pret. perf. simple	Pret. anterior
(Pretérito)	(Antepretérito)
erré	hube errado
erraste	hubiste errado
erró	hubo errado
erramos	hubimos errado
errasteis	hubisteis errado
erraron	hubieron errado

Futuro	Futuro perf.
(Futuro)	(Antefuturo)
erraré	nabré errado
errarás	habrás errado
errará	habrá errado
erraremos	habremos errado
erraréis	habréis errado
errarán	habrán errado

Condicional	Condicional perf.
(Pospretérito)	(Antepospretérito)
erraría	habría errado
errarías	habrías errado
erraría	habría errado
erraríamos	habríamos errado
erraríais	habríais errado
errarían	habrían errado

____ SUBJUNTIVO ____

Presente	Pret. perf.
(Presente)	(Antepresente)
yerre	haya errado
yerres	hayas errado
yerre	haya errado
erremos	hayamos errado
erréis	hayáis errado
yerren	hayan errado

Pret. imperf.	Pret. pluscuamp.
(Pretérito)	(Antepretérito)
errara	hubiera
o errase	o hubiese errado
erraras	hubieras
o errases	o hubieses errado
errara	hubiera
o errase	o hubiese errado
erráramos	hubiéramos
o errásemos	o hubiésemos errado
errarais	hubierais
o erraseis	o hubieseis errado
erraran	hubieran
o errasen	o hubiesen errado

Futuro	Futuro perf.
(Futuro)	(Antefuturo)
errare	hubiere errado
errares	hubieres errado
errare	hubiere errado
erráremos	hubiéremos errado
errareis	hubiereis errado
erraren	hubieren errado

IMPERATIVO ____

Presente

yerra	tú
yerre	él
erremos	nosotros
errad	vosotros
yerren	ellos

FORMAS NO PERSONALES ____

Infinitivo	Infinitivo compuesto
errar	haber errado
Gerundio	**Gerundio compuesto**
errando	habiendo errado
Participio	
errado	

INDICATIVO

Presente	Pret. perf. comp.
(Presente)	(Antepresente)

tiendo	he	tendido
tiendes	has	tendido
tiende	ha	tendido
tendemos	hemos	tendido
tendéis	habéis	tendido
tienden	han	tendido

Pret. imperf.	Pret. pluscuamp.
(Copretérito)	(Antecopretérito)

tendía	había	tendido
tendías	habías	tendido
tendía	había	tendido
tendíamos	habíamos	tendido
tendíais	habíais	tendido
tendían	habían	tendido

Pret. perf. simple	Pret. anterior
(Pretérito)	(Antepretérito)

tendí	hube	tendido
tendiste	hubiste	tendido
tendió	hubo	tendido
tendimos	hubimos	tendido
tendisteis	hubisteis	tendido
tendieron	hubieron	tendido

Futuro	Futuro perf.
(Futuro)	(Antefuturo)

tenderé	habré	tendido
tenderás	habrás	tendido
tenderá	habrá	tendido
tenderemos	habremos	tendido
tenderéis	habréis	tendido
tenderán	habrán	tendido

Condicional	Condicional perf.
(Pospretérito)	(Antepospretérito)

tendería	habría	tendido
tenderías	habrías	tendido
tendería	habría	tendido
tenderíamos	habríamos	tendido
tenderíais	habríais	tendido
tenderían	habrían	tendido

SUBJUNTIVO

Presente	Pret. perf.
(Presente)	(Antepresente)

tienda	haya	tendido
tiendas	hayas	tendido
tienda	haya	tendido
tendamos	hayamos	tendido
tendáis	hayáis	tendido
tiendan	hayan	tendido

Pret. imperf.	Pret. pluscuamp.
(Pretérito)	(Antepretérito)

tendiera	hubiera	
o tendiese	o hubiese	tendido
tendieras	hubieras	
o tendieses	o hubieses	tendido
tendiera	hubiera	
o tendiese	o hubiese	tendido
tendiéramos	hubiéramos	
o tendiésemos	o hubiésemos	tendido
tendierais	hubierais	
o tendieseis	o hubieseis	tendido
tendieran	hubieran	
o tendiesen	o hubiesen	tendido

Futuro	Futuro perf.
(Futuro)	(Antefuturo)

tendiere	hubiere	tendido
tendieres	hubieres	tendido
tendiere	hubiere	tendido
tendiéremos	hubiéremos	tendido
tendiereis	hubiereis	tendido
tendieren	hubieren	tendido

IMPERATIVO

Presente

tiende	tú
tienda	él
tendamos	nosotros
tended	vosotros
tiendan	ellos

FORMAS NO PERSONALES

Infinitivo	Infinitivo compuesto
tender	haber tendido
Gerundio	**Gerundio compuesto**
tendiendo	habiendo tendido
Participio	
tendido	

INDICATIVO

Presente (Presente)	Pret. perf. comp. (Antepresente)	
quiero	he	querido
quieres	has	querido
quiere	ha	querido
queremos	hemos	querido
queréis	habéis	querido
quieren	han	querido

Pret. imperf. (Copretérito)	Pret. pluscuamp. (Antecopretérito)	
quería	había	querido
querías	habías	querido
quería	había	querido
queríamos	habíamos	querido
queríais	habíais	querido
querían	habían	querido

Pret. perf. simple (Pretérito)	Pret. anterior (Antepretérito)	
quise	hube	querido
quisiste	hubiste	querido
quiso	hubo	querido
quisimos	hubimos	querido
quisisteis	hubisteis	querido
quisieron	hubieron	querido

Futuro (Futuro)	Futuro perf. (Antefuturo)	
querré	habré	querido
querrás	habrás	querido
querrá	habrá	querido
querremos	habremos	querido
querréis	habréis	querido
querrán	habrán	querido

Condicional (Pospretérito)	Condicional perf. (Antepospretérito)	
querría	habría	querido
querrías	habrías	querido
querría	habría	querido
querríamos	habríamos	querido
querríais	habríais	querido
querrían	habrían	querido

SUBJUNTIVO

Presente (Presente)	Pret. perf. (Antepresente)	
quiera	haya	querido
quieras	hayas	querido
quiera	haya	querido
queramos	hayamos	querido
queráis	hayáis	querido
quieran	hayan	querido

Pret. imperf. (Pretérito)	Pret. pluscuamp. (Antepretérito)	
quisiera	hubiera	
o quisiese	o hubiese	querido
quisieras	hubieras	
o quisieses	o hubieses	querido
quisiera	hubiera	
o quisiese	o hubiese	querido
quisiéramos	hubiéramos	
o quisiésemos	o hubiésemos	querido
quisierais	hubierais	
o quisieseis	o hubieseis	querido
quisieran	hubieran	
o quisiesen	o hubiesen	querido

Futuro (Futuro)	Futuro perf. (Antefuturo)	
quisiere	hubiere	querido
quisieres	hubieres	querido
quisiere	hubiere	querido
quisiéremos	hubiéremos	querido
quisiereis	hubiereis	querido
quisieren	hubieren	querido

IMPERATIVO

Presente

quiere	tú
quiera	él
queramos	nosotros
quered	vosotros
quieran	ellos

FORMAS NO PERSONALES

Infinitivo	Infinitivo compuesto
querer	haber querido
Gerundio	**Gerundio compuesto**
queriendo	habiendo querido
Participio	
querido	

15 tener

―― INDICATIVO ――

Presente	Pret. perf. comp.
(Presente)	(Antepresente)
tengo	he tenido
tienes	has tenido
tiene	ha tenido
tenemos	hemos tenido
tenéis	habéis tenido
tienen	han tenido

Pret. imperf.	Pret. pluscuamp.
(Copretérito)	(Antecopretérito)
tenía	había tenido
tenías	habías tenido
tenía	había tenido
teníamos	habíamos tenido
teníais	habíais tenido
tenían	habían tenido

Pret. perf. simple	Pret. anterior
(Pretérito)	(Antepretérito)
tuve	hube tenido
tuviste	hubiste tenido
tuvo	hubo tenido
tuvimos	hubimos tenido
tuvisteis	hubisteis tenido
tuvieron	hubieron tenido

Futuro	Futuro perf.
(Futuro)	(Antefuturo)
tendré	habré tenido
tendrás	habrás tenido
tendrá	habrá tenido
tendremos	habremos tenido
tendréis	habréis tenido
tendrán	habrán tenido

Condicional	Condicional perf.
(Pospretérito)	(Antepospretérito)
tendría	habría tenido
tendrías	habrías tenido
tendría	habría tenido
tendríamos	habríamos tenido
tendríais	habríais tenido
tendrían	habrían tenido

―― SUBJUNTIVO ――

Presente	Pret. perf.
(Presente)	(Antepresente)
tenga	haya tenido
tengas	hayas tenido
tenga	haya tenido
tengamos	hayamos tenido
tengáis	hayáis tenido
tengan	hayan tenido

Pret. imperf.	Pret. pluscuamp.
(Pretérito)	(Antepretérito)
tuviera	hubiera
o tuviese	o hubiese tenido
tuvieras	hubieras
o tuvieses	o hubieses tenido
tuviera	hubiera
o tuviese	o hubiese tenido
tuviéramos	hubiéramos
o tuviésemos	o hubiésemos tenido
tuvierais	hubierais
o tuvieseis	o hubieseis tenido
tuvieran	hubieran
o tuviesen	o hubiesen tenido

Futuro	Futuro perf.
(Futuro)	(Antefuturo)
tuviere	hubiere tenido
tuvieres	hubieres tenido
tuviere	hubiere tenido
tuviéremos	hubiéremos tenido
tuviereis	hubiereis tenido
tuvieren	hubieren tenido

IMPERATIVO ――

Presente	
ten	tú
tenga	él
tengamos	nosotros
tened	vosotros
tengan	ellos

FORMAS NO PERSONALES ――

Infinitivo	Infinitivo compuesto
tener	haber tenido
Gerundio	Gerundio compuesto
teniendo	habiendo tenido
Participio	
tenido	

_____ **INDICATIVO** _____

Presente	Pret. perf. comp.
(Presente)	(Antepresente)
pongo	he puesto
pones	has puesto
pone	ha puesto
ponemos	hemos puesto
ponéis	habéis puesto
ponen	han puesto

Pret. imperf.	Pret. pluscuamp.
(Copretérito)	(Antecopretérito)
ponía	nabía puesto
ponías	habías puesto
ponía	había puesto
poníamos	habíamos puesto
poníais	habíais puesto
ponían	habían puesto

Pret. perf. simple	Pret. anterior
(Pretérito)	(Antepretérito)
puse	hube puesto
pusiste	hubiste puesto
puso	hubo puesto
pusimos	hubimos puesto
pusisteis	hubisteis puesto
pusieron	hubieron puesto

Futuro	Futuro perf.
(Futuro)	(Antefuturo)
pondré	habré puesto
pondrás	habrás puesto
pondrá	habrá puesto
pondremos	habremos puesto
pondréis	habréis puesto
pondrán	habrán puesto

Condicional	Condicional perf.
(Pospretérito)	(Antepospretérito)
pondría	habría puesto
pondrías	habrías puesto
pondría	habría puesto
pondríamos	habríamos puesto
pondríais	habríais puesto
pondrían	habrían puesto

_____ **SUBJUNTIVO** _____

Presente	Pret. perf.
(Presente)	(Antepresente)
ponga	haya puesto
pongas	hayas puesto
ponga	haya puesto
pongamos	hayamos puesto
pongáis	hayáis puesto
pongan	hayan puesto

Pret. imperf.	Pret. pluscuamp.
(Pretérito)	(Antepretérito)
pusiera	hubiera
o pusiese	o hubiese puesto
pusieras	hubieras
o pusieses	o hubieses puesto
pusiera	hubiera
o pusiese	o hubiese puesto
pusiéramos	hubiéramos
o pusiésemos	o hubiésemos puesto
pusierais	hubierais
o pusieseis	o hubieseis puesto
pusieran	hubieran
o pusiesen	o hubiesen puesto

Futuro	Futuro perf.
(Futuro)	(Antefuturo)
pusiere	hubiere puesto
pusieres	hubieres puesto
pusiere	hubiere puesto
pusiéremos	hubiéremos puesto
pusiereis	hubiereis puesto
pusieren	hubieren puesto

IMPERATIVO _____

Presente

pon	tú
ponga	él
pongamos	nosotros
poned	vosotros
pongan	ellos

FORMAS NO PERSONALES _____

Infinitivo	Infinitivo compuesto
poner	haber puesto
Gerundio	**Gerundio compuesto**
poniendo	habiendo puesto
Participio	
puesto	

INDICATIVO

Presente (Presente)	Pret. perf. comp. (Antepresente)	
discierno	he	discernido
disciernes	has	discernido
discierne	ha	discernido
discernimos	hemos	discernido
discernís	habéis	discernido
disciernen	han	discernido

Pret. imperf. (Copretérito)	Pret. pluscuamp. (Antecopretérito)	
discernía	había	discernido
discernías	habías	discernido
discernía	había	discernido
discerníamos	habíamos	discernido
discerníais	habíais	discernido
discernían	habían	discernido

Pret. perf. simple (Pretérito)	Pret. anterior (Antepretérito)	
discerní	hube	discernido
discerniste	hubiste	discernido
discernió	hubo	discernido
discernimos	hubimos	discernido
discernisteis	hubisteis	discernido
discernieron	hubieron	discernido

Futuro (Futuro)	Futuro perf. (Antefuturo)	
discerniré	habré	discernido
discernirás	habrás	discernido
discernirá	habrá	discernido
discerniremos	habremos	discernido
discerniréis	habréis	discernido
discernirán	habrán	discernido

Condicional (Pospretérito)	Condicional perf. (Antepospretérito)	
discerniría	habría	discernido
discernirías	habrías	discernido
discerniría	habría	discernido
discerniríamos	habríamos	discernido
discerniríais	habríais	discernido
discernirían	habrían	discernido

SUBJUNTIVO

Presente (Presente)	Pret. perf. (Antepresente)	
discierna	haya	discernido
disciernas	hayas	discernido
discierna	haya	discernido
discernamos	hayamos	discernido
discernáis	hayáis	discernido
disciernan	hayan	discernido

Pret. imperf. (Pretérito)	Pret. pluscuamp. (Antepretérito)	
discerniera	hubiera	
o discerniese	o hubiese	discernido
discernieras	hubieras	
o discernieses	o hubieses	discernido
discerniera	hubiera	
o discerniese	o hubiese	discernido
discerniéramos	hubiéramos	
o discerniésemos	o hubiésemos	discernido
discernierais	hubierais	
o discernieseis	o hubieseis	discernido
discernieran	hubieran	
o discerniesen	o hubiesen	discernido

Futuro (Futuro)	Futuro perf. (Antefuturo)	
discerniere	hubiere	discernido
discernieres	hubieres	discernido
discerniere	hubiere	discernido
discerniéremos	hubiéremos	discernido
discerniereis	hubiereis	discernido
discernieren	hubieren	discernido

IMPERATIVO

Presente	
discierne	tú
discierna	él
discernamos	nosotros
discernid	vosotros
disciernan	ellos

FORMAS NO PERSONALES

Infinitivo	Infinitivo compuesto
discernir	haber discernido
Gerundio	**Gerundio compuesto**
discerniendo	habiendo discernido
Participio	
discernido	

___ INDICATIVO___

Presente	Pret. perf. comp.
(Presente)	(Antepresente)

vengo	he venido
vienes	has venido
viene	ha venido
venimos	hemos venido
venís	habéis venido
vienen	han venido

Pret. imperf.	Pret. pluscuamp.
(Copretérito)	(Antecopretérito)

venía	había venido
venías	habías venido
venía	había venido
veníamos	habíamos venido
veníais	habíais venido
venían	habían venido

Pret. perf. simple	Pret. anterior
(Pretérito)	(Antepretérito)

vine	hube venido
viniste	hubiste venido
vino	hubo venido
vinimos	hubimos venido
vinisteis	hubisteis venido
vinieron	hubieron venido

Futuro	Futuro perf.
(Futuro)	(Antefuturo)

vendré	habré venido
vendrás	habrás venido
vendrá	habrá venido
vendremos	habremos venido
vendréis	habréis venido
vendrán	habrán venido

Condicional	Condicional perf.
(Pospretérito)	(Antepospretérito)

vendría	habría venido
vendrías	habrías venido
vendría	habría venido
vendríamos	habríamos venido
vendríais	habríais venido
vendrían	habrían venido

___ SUBJUNTIVO___

Presente	Pret. perf.
(Presente)	(Antepresente)

venga	haya venido
vengas	hayas venido
venga	haya venido
vengamos	hayamos venido
vengáis	hayáis venido
vengan	hayan venido

Pret. imperf.	Pret. pluscuamp.
(Pretérito)	(Antepretérito)

viniera	hubiera
o viniese	o hubiese venido
vinieras	hubieras
o vinieses	o hubieses venido
viniera	hubiera
o viniese	o hubiese venido
viniéramos	hubiéramos
o viniésemos	o hubiésemos venido
vinierais	hubierais
o vinieseis	o hubieseis venido
vinieran	hubieran
o viniesen	o hubiesen venido

Futuro	Futuro perf.
(Futuro)	(Antefuturo)

viniere	hubiere venido
vinieres	hubieres venido
viniere	hubiere venido
viniéremos	hubiéremos venido
viniereis	hubiereis venido
vinieren	hubieren venido

IMPERATIVO___

Presente

ven	tú
venga	él
vengamos	nosotros
venid	vosotros
vengan	ellos

FORMAS NO PERSONALES___

Infinitivo	Infinitivo compuesto
venir	haber venido
Gerundio	**Gerundio compuesto**
viniendo	habiendo venido
Participio	
venido	

19 sonar

___ INDICATIVO ___

Presente	Pret. perf. comp.
(Presente)	(Antepresente)
sueno	he sonado
suenas	has sonado
suena	ha sonado
sonamos	hemos sonado
sonáis	habéis sonado
suenan	han sonado

Pret. imperf.	Pret. pluscuamp.
(Copretérito)	(Antecopretérito)
sonaba	había sonado
sonabas	habías sonado
sonaba	había sonado
sonábamos	habíamos sonado
sonabais	habíais sonado
sonaban	habían sonado

Pret. perf. simple	Pret. anterior
(Pretérito)	(Antepretérito)
soné	hube sonado
sonaste	hubiste sonado
sonó	hubo sonado
sonamos	hubimos sonado
sonasteis	hubisteis sonado
sonaron	hubieron sonado

Futuro	Futuro perf.
(Futuro)	(Antefuturo)
sonaré	habré sonado
sonarás	habrás sonado
sonará	habrá sonado
sonaremos	habremos sonado
sonaréis	habréis sonado
sonarán	habrán sonado

Condicional	Condicional perf.
(Pospretérito)	(Antepospretérito)
sonaría	habría sonado
sonarías	habrías sonado
sonaría	habría sonado
sonaríamos	habríamos sonado
sonaríais	habríais sonado
sonarían	habrían sonado

___ SUBJUNTIVO ___

Presente	Pret. perf.
(Presente)	(Antepresente)
suene	haya sonado
suenes	hayas sonado
suene	haya sonado
sonemos	hayamos sonado
sonéis	hayáis sonado
suenen	hayan sonado

Pret. imperf.	Pret. pluscuamp.
(Pretérito)	(Antepretérito)
sonara	hubiera
o sonase	o hubiese sonado
sonaras	hubieras
o sonases	o hubieses sonado
sonara	hubiera
o sonase	o hubiese sonado
sonáramos	hubiéramos
o sonásemos	o hubiésemos sonado
sonarais	hubierais
o sonaseis	o hubieseis sonado
sonaran	hubieran
o sonasen	o hubiesen sonado

Futuro	Futuro perf.
(Futuro)	(Antefuturo)
sonare	hubiere sonado
sonares	hubieres sonado
sonare	hubiere sonado
sonáremos	hubiéremos sonado
sonareis	hubiereis sonado
sonaren	hubieren sonado

IMPERATIVO ___

Presente	
suena	tú
suene	él
sonemos	nosotros
sonad	vosotros
suenen	ellos

FORMAS NO PERSONALES ___

Infinitivo	Infinitivo compuesto
sonar	haber sonado
Gerundio	**Gerundio compuesto**
sonando	habiendo sonado
Participio	
sonado	

_ INDICATIVO_____

Presente	Pret. perf. comp.
(Presente)	(Antepresente)

deshueso	he	desosado
deshuesas	has	desosado
deshuesa	ha	desosado
desosamos	hemos	desosado
desosáis	habéis	desosado
deshuesan	han	desosado

Pret. imperf.	Pret. pluscuamp.
(Copretérito)	(Antecopretérito)

desosaba	había	desosado
desosabas	habías	desosado
desosaba	había	desosado
desosábamos	habíamos	desosado
desosabais	habíais	desosado
desosaban	habían	desosado

Pret. perf. simple	Pret. anterior
(Pretérito)	(Antepretérito)

desosé	hube	desosado
desosaste	hubiste	desosado
desosó	hubo	desosado
desosamos	hubimos	desosado
desosasteis	hubisteis	desosado
desosaron	hubieron	desosado

Futuro	Futuro perf.
(Futuro)	(Antefuturo)

desosaré	habré	desosado
desosarás	habrás	desosado
desosará	habrá	desosado
desosaremos	habremos	desosado
desosaréis	habréis	desosado
desosarán	habrán	desosado

Condicional	Condicional perf.
(Pospretérito)	(Antepospretérito)

desosaría	habría	desosado
desosarías	habrías	desosado
desosaría	habría	desosado
desosaríamos	habríamos	desosado
desosaríais	habríais	desosado
desosarían	habrían	desosado

____ SUBJUNTIVO_____

Presente	Pret. perf.
(Presente)	(Antepresente)

deshuese	haya	desosado
deshueses	hayas	desosado
deshuese	haya	desosado
desosemos	hayamos	desosado
desoséis	hayáis	desosado
deshuesen	hayan	desosado

Pret. imperf.	Pret. pluscuamp.
(Pretérito)	(Antepretérito)

desosara	hubiera	
o desosase	o hubiese	desosado
desosaras	hubieras	
o desosases	o hubieses	desosado
desosara	hubiera	
o desosase	o hubiese	desosado
desosáramos	hubiéramos	
o desosásemos	o hubiésemos	desosado
desosarais	hubierais	
o desosaseis	o hubieseis	desosado
desosaran	hubieran	
o desosasen	o hubiesen	desosado

Futuro	Futuro perf.
(Futuro)	(Antefuturo)

desosare	hubiere	desosado
desosares	hubieres	desosado
desosare	hubiere	desosado
desosáremos	hubiéremos	desosado
desosareis	hubiereis	desosado
desosaren	hubieren	desosado

IMPERATIVO_____

Presente

deshuesa	tú
deshuese	él
desosemos	nosotros
desosad	vosotros
deshuesen	ellos

FORMAS NO PERSONALES_____

Infinitivo	Infinitivo compuesto
desosar	haber desosado
Gerundio	**Gerundio compuesto**
desosando	habiendo desosado
Participio	
desosado	

───── INDICATIVO ─────

Presente	Pret. perf. comp.
(Presente)	(Antepresente)
vuelvo	he vuelto
vuelves	has vuelto
vuelve	ha vuelto
volvemos	hemos vuelto
volvéis	habéis vuelto
vuelven	han vuelto

Pret. imperf.	Pret. pluscuamp.
(Copretérito)	(Antecopretérito)
volvía	había vuelto
volvías	habías vuelto
volvía	había vuelto
volvíamos	habíamos vuelto
volvíais	habíais vuelto
volvían	habían vuelto

Pret. perf. simple	Pret. anterior
(Pretérito)	(Antepretérito)
volví	hube vuelto
volviste	hubiste vuelto
volvió	hubo vuelto
volvimos	hubimos vuelto
volvisteis	hubisteis vuelto
volvieron	hubieron vuelto

Futuro	Futuro perf.
(Futuro)	(Antefuturo)
volveré	habré vuelto
volverás	habrás vuelto
volverá	habrá vuelto
volveremos	habremos vuelto
volveréis	habréis vuelto
volverán	habrán vuelto

Condicional	Condicional perf.
(Pospretérito)	(Antepospretérito)
volvería	habría vuelto
volverías	habrías vuelto
volvería	habría vuelto
volveríamos	habríamos vuelto
volveríais	habríais vuelto
volverían	habrían vuelto

───── SUBJUNTIVO ─────

Presente	Pret. perf.
(Presente)	(Antepresente)
vuelva	haya vuelto
vuelvas	hayas vuelto
vuelva	haya vuelto
volvamos	hayamos vuelto
volváis	hayáis vuelto
vuelvan	hayan vuelto

Pret. imperf.	Pret. pluscuamp.
(Pretérito)	(Antepretérito)
volviera	hubiera
o volviese	o hubiese vuelto
volvieras	hubieras
o volvieses	o hubieses vuelto
volviera	hubiera
o volviese	o hubiese vuelto
volviéramos	hubiéramos
o volviésemos	o hubiésemos vuelto
volvierais	hubierais
o volvieseis	o hubieseis vuelto
volvieran	hubieran
o volviesen	o hubiesen vuelto

Futuro	Futuro perf.
(Futuro)	(Antefuturo)
volviere	hubiere vuelto
volvieres	hubieres vuelto
volviere	hubiere vuelto
volviéremos	hubiéremos vuelto
volviereis	hubiereis vuelto
volvieren	hubieren vuelto

IMPERATIVO

Presente

vuelve	tú
vuelva	él
volvamos	nosotros
volved	vosotros
vuelvan	ellos

FORMAS NO PERSONALES

Infinitivo	Infinitivo compuesto
volver	haber vuelto
Gerundio	**Gerundio compuesto**
volviendo	habiendo vuelto
Participio	
vuelto	

moler 22

—— INDICATIVO ——

Presente	Pret. perf. comp.
(Presente)	(Antepresente)
muelo	he molido
mueles	has molido
muele	ha molido
molemos	hemos molido
moléis	habéis molido
muelen	han molido

Pret. imperf.	Pret. pluscuamp.
(Copretérito)	(Antecopretérito)
molía	había molido
molías	habías molido
molía	había molido
molíamos	habíamos molido
molíais	habíais molido
molían	habían molido

Pret. perf. simple	Pret. anterior
(Pretérito)	(Antepretérito)
molí	hube molido
moliste	hubiste molido
molió	hubo molido
molimos	hubimos molido
molisteis	hubisteis molido
molieron	hubieron molido

Futuro	Futuro perf.
(Futuro)	(Antefuturo)
moleré	habré molido
molerás	habrás molido
molerá	habrá molido
moleremos	habremos molido
moleréis	habréis molido
molerán	habrán molido

Condicional	Condicional perf.
(Pospretérito)	(Antepospretérito)
molería	habría molido
molerías	habrías molido
molería	habría molido
moleríamos	habríamos molido
moleríais	habríais molido
molerían	habrían molido

—— SUBJUNTIVO ——

Presente	Pret. perf.
(Presente)	(Antepresente)
muela	haya molido
muelas	hayas molido
muela	haya molido
molamos	hayamos molido
moláis	hayáis molido
muelan	hayan molido

Pret. imperf.	Pret. pluscuamp.
(Pretérito)	(Antepretérito)
moliera	hubiera
o moliese	o hubiese molido
molieras	hubieras
o molieses	o hubieses molido
moliera	hubiera
o moliese	o hubiese molido
moliéramos	hubiéramos
o moliésemos	o hubiésemos molido
molierais	hubierais
o molieseis	o hubieseis molido
molieran	hubieran
o moliesen	o hubiesen molido

Futuro	Futuro perf.
(Futuro)	(Antefuturo)
moliere	hubiere molido
molieres	hubieres molido
moliere	hubiere molido
moliéremos	hubiéremos molido
moliereis	hubiereis molido
molieren	hubieren molido

IMPERATIVO ——

Presente

muele	tú
muela	él
molamos	nosotros
moled	vosotros
muelan	ellos

FORMAS NO PERSONALES ——

Infinitivo	Infinitivo compuesto
moler	haber molido
Gerundio	**Gerundio compuesto**
moliendo	habiendo molido
Participio	
molido	

____ INDICATIVO ____

Presente	Pret. perf. comp.
(Presente)	(Antepresente)
cuezo	he cocido
cueces	has cocido
cuece	ha cocido
cocemos	hemos cocido
cocéis	habéis cocido
cuecen	han cocido

Pret. imperf.	Pret. pluscuamp.
(Copretérito)	(Antecopretérito)
cocía	había cocido
cocías	habías cocido
cocía	había cocido
cocíamos	habíamos cocido
cocíais	habíais cocido
cocían	habían cocido

Pret. perf. simple	Pret. anterior
(Pretérito)	(Antepretérito)
cocí	hube cocido
cociste	hubiste cocido
coció	hubo cocido
cocimos	hubimos cocido
cocisteis	hubisteis cocido
cocieron	hubieron cocido

Futuro	Futuro perf.
(Futuro)	(Antefuturo)
coceré	habré cocido
cocerás	habrás cocido
cocerá	habrá cocido
coceremos	habremos cocido
coceréis	habréis cocido
cocerán	habrán cocido

Condicional	Condicional perf.
(Pospretérito)	(Antepospretérito)
cocería	habría cocido
cocerías	habrías cocido
cocería	habría cocido
coceríamos	habríamos cocido
coceríais	habríais cocido
cocerían	habrían cocido

____ SUBJUNTIVO ____

Presente	Pret. perf.
(Presente)	(Antepresente)
cueza	haya cocido
cuezas	hayas cocido
cueza	haya cocido
cozamos	hayamos cocido
cozáis	hayáis cocido
cuezan	hayan cocido

Pret. imperf.	Pret. pluscuamp.
(Pretérito)	(Antepretérito)
cociera	hubiera
o cociese	o hubiese cocido
cocieras	hubieras
o cocieses	o hubieses cocido
cociera	hubiera
o cociese	o hubiese cocido
cociéramos	hubiéramos
o cociésemos	o hubiésemos cocido
cocierais	hubierais
o cocieseis	o hubieseis cocido
cocieran	hubieran
o cociesen	o hubiesen cocido

Futuro	Futuro perf.
(Futuro)	(Antefuturo)
cociere	hubiere cocido
cocieres	hubieres cocido
cociere	hubiere cocido
cociéremos	hubiéremos cocido
cociereis	hubiereis cocido
cocieren	hubieren cocido

IMPERATIVO ____

Presente

cuece	tú
cueza	él
cozamos	nosotros
coced	vosotros
cuezan	ellos

FORMAS NO PERSONALES ____

Infinitivo	Infinitivo compuesto
cocer	haber cocido
Gerundio	**Gerundio compuesto**
cociendo	habiendo cocido
Participio	
cocido	

INDICATIVO

Presente	Pret. perf. comp.
(Presente)	(Antepresente)
huelo	he olido
hueles	has olido
huele	ha olido
olemos	hemos olido
oléis	habéis olido
huelen	han olido

Pret. imperf.	Pret. pluscuamp.
(Copretérito)	(Antecopretérito)
olía	había olido
olías	habías olido
olía	había olido
olíamos	habíamos olido
olíais	habíais olido
olían	habían olido

Pret. perf. simple	Pret. anterior
(Pretérito)	(Antepretérito)
olí	hube olido
oliste	hubiste olido
olió	hubo olido
olimos	hubimos olido
olisteis	hubisteis olido
olieron	hubieron olido

Futuro	Futuro perf.
(Futuro)	(Antefuturo)
oleré	habré olido
olerás	habrás olido
olerá	habrá olido
oleremos	habremos olido
oleréis	habréis olido
olerán	habrán olido

Condicional	Condicional perf.
(Pospretérito)	(Antepospretérito)
olería	habría olido
olerías	habrías olido
olería	habría olido
oleríamos	habríamos olido
oleríais	habríais olido
olerían	habrían olido

SUBJUNTIVO

Presente	Pret. perf.
(Presente)	(Antepresente)
huela	haya olido
huelas	hayas olido
huela	haya olido
olamos	hayamos olido
oláis	hayáis olido
huelan	hayan olido

Pret. imperf.	Pret. pluscuamp.
(Pretérito)	(Antepretérito)
oliera	hubiera
u oliese	o hubiese olido
olieras	hubieras
u olieses	o hubieses olido
oliera	hubiera
u oliese	o hubiese olido
oliéramos	hubiéramos
u oliésemos	o hubiésemos olido
olierais	hubierais
u olieseis	o hubieseis olido
olieran	hubieran
u oliesen	o hubiesen olido

Futuro	Futuro perf.
(Futuro)	(Antefuturo)
oliere	hubiere olido
olieres	hubieres olido
oliere	hubiere olido
oliéremos	hubiéremos olido
oliereis	hubiereis olido
olieren	hubieren olido

IMPERATIVO

Presente

huele	tú
huela	él
olamos	nosotros
oled	vosotros
huelan	ellos

FORMAS NO PERSONALES

Infinitivo	Infinitivo compuesto
oler	haber olido
Gerundio	**Gerundio compuesto**
oliendo	habiendo olido
Participio	
olido	

INDICATIVO

Presente (Presente)	Pret. perf. comp. (Antepresente)	
muevo	he	movido
mueves	has	movido
mueve	ha	movido
movemos	hemos	movido
movéis	habéis	movido
mueven	han	movido

Pret. imperf. (Copretérito)	Pret. pluscuamp. (Antecopretérito)	
movía	había	movido
movías	habías	movido
movía	había	movido
movíamos	habíamos	movido
movíais	habíais	movido
movían	habían	movido

Pret. perf. simple (Pretérito)	Pret. anterior (Antepretérito)	
moví	hube	movido
moviste	hubiste	movido
movió	hubo	movido
movimos	hubimos	movido
movisteis	hubisteis	movido
movieron	hubieron	movido

Futuro (Futuro)	Futuro perf. (Antefuturo)	
moveré	habré	movido
moverás	habrás	movido
moverá	habrá	movido
moveremos	habremos	movido
moveréis	habréis	movido
moverán	habrán	movido

Condicional (Pospretérito)	Condicional perf. (Antepospretérito)	
movería	habría	movido
moverías	habrías	movido
movería	habría	movido
moveríamos	habríamos	movido
moveríais	habríais	movido
moverían	habrían	movido

SUBJUNTIVO

Presente (Presente)	Pret. perf. (Antepresente)	
mueva	haya	movido
muevas	hayas	movido
mueva	haya	movido
movamos	hayamos	movido
mováis	hayáis	movido
muevan	hayan	movido

Pret. imperf. (Pretérito)	Pret. pluscuamp. (Antepretérito)	
moviera	hubiera	
o moviese	o hubiese	movido
movieras	hubieras	
o movieses	o hubieses	movido
moviera	hubiera	
o moviese	o hubiese	movido
moviéramos	hubiéramos	
o moviésemos	o hubiésemos	movido
movierais	hubierais	
o movieseis	o hubieseis	movido
movieran	hubieran	
o moviesen	o hubiesen	movido

Futuro (Futuro)	Futuro perf. (Antefuturo)	
moviere	hubiere	movido
movieres	hubieres	movido
moviere	hubiere	movido
moviéremos	hubiéremos	movido
moviereis	hubiereis	movido
movieren	hubieren	movido

IMPERATIVO

Presente

mueve	tú
mueva	él
movamos	nosotros
moved	vosotros
muevan	ellos

FORMAS NO PERSONALES

Infinitivo	Infinitivo compuesto
mover	haber movido
Gerundio	**Gerundio compuesto**
moviendo	habiendo movido
Participio	
movido	

—— INDICATIVO ——

Presente	Pret. perf. comp.
(Presente)	(Antepresente)
puedo	he podido
puedes	has podido
puede	ha podido
podemos	hemos podido
podéis	habéis podido
pueden	han podido

Pret. imperf.	Pret. pluscuamp.
(Copretérito)	(Antecopretérito)
podía	había podido
podías	habías podido
podía	había podido
podíamos	habíamos podido
podíais	habíais podido
podían	habían podido

Pret. perf. simple	Pret. anterior
(Pretérito)	(Antepretérito)
pude	hube podido
pudiste	hubiste podido
pudo	hubo podido
pudimos	hubimos podido
pudisteis	hubisteis podido
pudieron	hubieron podido

Futuro	Futuro perf.
(Futuro)	(Antefuturo)
podré	habré podido
podrás	habrás podido
podrá	habrá podido
podremos	habremos podido
podréis	habréis podido
podrán	habrán podido

Condicional	Condicional perf.
(Pospretérito)	(Antepospretérito)
podría	habría podido
podrías	habrías podido
podría	habría podido
podríamos	habríamos podido
podríais	habríais podido
podrían	habrían podido

—— SUBJUNTIVO ——

Presente	Pret. perf.
(Presente)	(Antepresente)
pueda	haya podido
puedas	hayas podido
pueda	haya podido
podamos	hayamos podido
podáis	hayáis podido
puedan	hayan podido

Pret. imperf	Pret. pluscuamp.
(Pretérito)	(Antepretérito)
pudiera	hubiera
o pudiese	o hubiese podido
pudieras	hubieras
o pudieses	o hubieses podido
pudiera	hubiera
o pudiese	o hubiese podido
pudiéramos	hubiéramos
o pudiésemos	o hubiésemos podido
pudierais	hubierais
o pudieseis	o hubieseis podido
pudieran	hubieran
o pudiesen	o hubiesen podido

Futuro	Futuro perf.
(Futuro)	(Antefuturo)
pudiere	hubiere podido
pudieres	hubieres podido
pudiere	hubiere podido
pudiéremos	hubiéremos podido
pudiereis	hubiereis podido
pudieren	hubieren podido

IMPERATIVO ——

Presente

puede	tú
pueda	él
podamos	nosotros
poded	vosotros
puedan	ellos

FORMAS NO PERSONALES ——

Infinitivo	Infinitivo compuesto
poder	haber podido
Gerundio	**Gerundio compuesto**
pudiendo	habiendo podido
Participio	
podido	

27 sentir

—— INDICATIVO ——

Presente	Pret. perf. comp.
(Presente)	(Antepresente)
siento	he sentido
sientes	has sentido
siente	ha sentido
sentimos	hemos sentido
sentís	habéis sentido
sienten	han sentido

Pret. imperf.	Pret. pluscuamp.
(Copretérito)	(Antecopretérito)
sentía	había sentido
sentías	habías sentido
sentía	había sentido
sentíamos	habíamos sentido
sentíais	habíais sentido
sentían	habían sentido

Pret. pèrf. simple	Pret. anterior
(Pretérito)	(Antepretérito)
sentí	hube sentido
sentiste	hubiste sentido
sintió	hubo sentido
sentimos	hubimos sentido
sentisteis	hubisteis sentido
sintieron	hubieron sentido

Futuro	Futuro perf.
(Futuro)	(Antefuturo)
sentiré	habré sentido
sentirás	habrás sentido
sentirá	habrá sentido
sentiremos	habremos sentido
sentiréis	habréis sentido
sentirán	habrán sentido

Condicional	Condicional perf.
(Pospretérito)	(Antepospretérito)
sentiría	habría sentido
sentirías	habrías sentido
sentiría	habría sentido
sentiríamos	habríamos sentido
sentiríais	habríais sentido
sentirían	habrían sentido

—— SUBJUNTIVO ——

Presente	Pret. perf.
(Presente)	(Antepresente)
sienta	haya sentido
sientas	hayas sentido
sienta	haya sentido
sintamos	hayamos sentido
sintáis	hayáis sentido
sientan	hayan sentido

Pret. imperf.	Pret. pluscuamp.
(Pretérito)	(Antepretérito)
sintiera	hubiera
o sintiese	o hubiese sentido
sintieras	hubieras
o sintieses	o hubieses sentido
sintiera	hubiera
o sintiese	o hubiese sentido
sintiéramos	hubiéramos
o sintiésemos	o hubiésemos sentido
sintierais	hubierais
o sintieseis	o hubieseis sentido
sintieran	hubieran
o sintiesen	o hubiesen sentido

Futuro	Futuro perf.
(Futuro)	(Antefuturo)
sintiere	hubiere sentido
sintieres	hubieres sentido
sintiere	hubiere sentido
sintiéremos	hubiéremos sentido
sintiereis	hubiereis sentido
sintieren	hubieren sentido

IMPERATIVO

Presente

siente	tú
sienta	él
sintamos	nosotros
sentid	vosotros
sientan	ellos

FORMAS NO PERSONALES

Infinitivo	Infinitivo compuesto
sentir	haber sentido
Gerundio	**Gerundio compuesto**
sintiendo	habiendo sentido
Participio	
sentido	

erguir 28

——— INDICATIVO ———

Presente	Pret. perf. comp.
(Presente)	(Antepresente)

irgo _o_ yergo	he	erguido
irgues _o_ yergues	has	erguido
irgue _o_ yergue	ha	erguido
erguimos	hemos	erguido
erguís	habéis	erguido
irguen _o_ yerguen	han	erguido

Pret. imperf.

(Copretérito)

erguía	había	erguido
erguías	habías	erguido
erguía	había	erguido
erguíamos	habíamos	erguido
erguíais	habíais	erguido
erguían	habían	erguido

Pret. pluscuamp.

(Antecopretérito)

Pret. perf. simple | **Pret. anterior**

(Pretérito) | (Antepretérito)

erguí	hube	erguido
erguiste	hubiste	erguido
irguió	hubo	erguido
erguimos	hubimos	erguido
erguisteis	hubisteis	erguido
irguieron	hubieron	erguido

Futuro | **Futuro perf.**

(Futuro) | (Antefuturo)

erguiré	habré	erguido
erguirás	habrás	erguido
erguirá	habrá	erguido
erguiremos	habremos	erguido
erguiréis	habréis	erguido
erguirán	habrán	erguido

Condicional | **Condicional perf.**

(Pospretérito) | (Antepospretérito)

erguiría	habría	erguido
erguirías	habrías	erguido
erguiría	habría	erguido
erguiríamos	habríamos	erguido
erguiríais	habríais	erguido
erguirían	habrían	erguido

——— SUBJUNTIVO ———

Presente	Pret. perf.
(Presente)	(Antepresente)

irga _o_ yerga	haya	erguido
irgas _o_ yergas	hayas	erguido
irga _o_ yerga	haya	erguido
irgamos _o_ yergamos	hayamos	erguido
irgáis _o_ yergáis	hayáis	erguido
irgan _o_ yergan	hayan	erguido

Pret. imperf.

(Pretérito)

Pret. pluscuamp.

(Antepretérito)

irguiera	hubiera	
_o_ irguiese	_o_ hubiese	erguido
irguieras	hubieras	
_o_ irguieses	_o_ hubieses	erguido
irguiera	hubiera	
_o_ irguiese	_o_ hubiese	erguido
irguiéramos	hubiéramos	
_o_ irguiésemos	_o_ hubiésemos	erguido
irguierais	hubierais	
_o_ irguieseis	_o_ hubieseis	erguido
irguieran	hubieran	
_o_ irguiesen	_o_ hubiesen	erguido

Futuro | **Futuro perf.**

(Futuro) | (Antefuturo)

irguiere	hubiere	erguido
irguieres	hubieres	erguido
irguiere	hubiere	erguido
irguiéremos	hubiéremos	erguido
irguiereis	hubiereis	erguido
irguieren	hubieren	erguido

——— IMPERATIVO ———

Presente

irgue	_o_ yergue	tú
irga	_o_ yerga	él
irgamos	_o_ yergamos	nosotros
erguid		vosotros
irgan	_o_ yergan	ellos

FORMAS NO PERSONALES ———

Infinitivo	Infinitivo compuesto
erguir	haber erguido
Gerundio	**Gerundio compuesto**
irguiendo	habiendo erguido
Participio	
erguido	

—— INDICATIVO ——

Presente	Pret. perf. comp.
(Presente)	(Antepresente)
duermo	he dormido
duermes	has dormido
duerme	ha dormido
dormimos	hemos dormido
dormís	habéis dormido
duermen	han dormido

Pret. imperf.	Pret. pluscuamp.
(Copretérito)	(Antecopretérito)
dormía	había dormido
dormías	habías dormido
dormía	había dormido
dormíamos	habíamos dormido
dormíais	habíais dormido
dormían	habían dormido

Pret. perf. simple	Pret. anterior
(Pretérito)	(Antepretérito)
dormí	hube dormido
dormiste	hubiste dormido
durmió	hubo dormido
dormimos	hubimos dormido
dormisteis	hubisteis dormido
durmieron	hubieron dormido

Futuro	Futuro perf.
(Futuro)	(Antefuturo)
dormiré	habré dormido
dormirás	habrás dormido
dormirá	habrá dormido
dormiremos	habremos dormido
dormiréis	habréis dormido
dormirán	habrán dormido

Condicional	Condicional perf.
(Pospretérito)	(Antepospretérito)
dormiría	habría dormido
dormirías	habrías dormido
dormiría	habría dormido
dormiríamos	habríamos dormido
dormiríais	habríais dormido
dormirían	habrían dormido

—— SUBJUNTIVO ——

Presente	Pret. perf.
(Presente)	(Antepresente)
duerma	haya dormido
duermas	hayas dormido
duerma	haya dormido
durmamos	hayamos dormido
durmáis	hayáis dormido
duerman	hayan dormido

Pret. imperf.	Pret. pluscuamp.
(Pretérito)	(Antepretérito)
durmiera	hubiera
o durmiese	o hubiese dormido
durmieras	hubieras
o durmieses	o hubieses dormido
durmiera	hubiera
o durmiese	o hubiese dormido
durmiéramos	hubiéramos
o durmiésemos	o hubiésemos dormido
durmierais	hubierais
o durmieseis	o hubieseis dormido
durmieran	hubieran
o durmiesen	o hubiesen dormido

Futuro	Futuro perf.
(Futuro)	(Antefuturo)
durmiere	hubiere dormido
durmieres	hubieres dormido
durmiere	hubiere dormido
durmiéremos	hubiéremos dormido
durmiereis	hubiereis dormido
durmieren	hubieren dormido

IMPERATIVO ——

Presente

duerme	tú
duerma	él
durmamos	nosotros
dormid	vosotros
duerman	ellos

FORMAS NO PERSONALES ——

Infinitivo	Infinitivo compuesto
dormir	haber dormido
Gerundio	**Gerundio compuesto**
durmiendo	habiendo dormido
Participio	
dormido	

INDICATIVO

Presente (Presente)	Pret. perf. comp. (Antepresente)	
adquiero	he	adquirido
adquieres	has	adquirido
adquiere	ha	adquirido
adquirimos	hemos	adquirido
adquirís	habéis	adquirido
adquieren	han	adquirido

Pret. imperf. (Copretérito)	Pret. pluscuamp. (Antecopretérito)	
adquiría	había	adquirido
adquirías	habías	adquirido
adquiría	había	adquirido
adquiríamos	habíamos	adquirido
adquiríais	habíais	adquirido
adquirían	habían	adquirido

Pret. perf. simple (Pretérito)	Pret. anterior (Antepretérito)	
adquirí	hube	adquirido
adquiriste	hubiste	adquirido
adquirió	hubo	adquirido
adquirimos	hubimos	adquirido
adquiristeis	hubisteis	adquirido
adquirieron	hubieron	adquirido

Futuro (Futuro)	Futuro perf. (Antefuturo)	
adquiriré	habré	adquirido
adquirirás	habrás	adquirido
adquirirá	habrá	adquirido
adquiriremos	habremos	adquirido
adquiriréis	habréis	adquirido
adquirirán	habrán	adquirido

Condicional (Pospretérito)	Condicional perf. (Antepospretérito)	
adquiriría	habría	adquirido
adquirirías	habrías	adquirido
adquiriría	habría	adquirido
adquiriríamos	habríamos	adquirido
adquiriríais	habríais	adquirido
adquirirían	habrían	adquirido

SUBJUNTIVO

Presente (Presente)	Pret. perf. (Antepresente)	
adquiera	haya	adquirido
adquieras	hayas	adquirido
adquiera	haya	adquirido
adquiramos	hayamos	adquirido
adquiráis	hayáis	adquirido
adquieran	hayan	adquirido

Pret. imperf. (Pretérito)	Pret. pluscuamp. (Antepretérito)	
adquiriera	hubiera	
o adquiriese	o hubiese	adquirido
adquirieras	hubieras	
o adquirieses	o hubieses	adquirido
adquiriera	hubiera	
o adquiriese	o hubiese	adquirido
adquiriéramos	hubiéramos	
o adquiriésemos	o hubiésemos	adquirido
adquirierais	hubierais	
o adquirieseis	o hubieseis	adquirido
adquirieran	hubieran	
o adquiriesen	o hubiesen	adquirido

Futuro (Futuro)	Futuro perf. (Antefuturo)	
adquiriere	hubiere	adquirido
adquirieres	hubieres	adquirido
adquiriere	hubiere	adquirido
adquiriéremos	hubiéremos	adquirido
adquiriereis	hubiereis	adquirido
adquirieren	hubieren	adquirido

IMPERATIVO

Presente

adquiere	tú
adquiera	él
adquiramos	nosotros
adquirid	vosotros
adquieran	ellos

FORMAS NO PERSONALES

Infinitivo	Infinitivo compuesto
adquirir	haber adquirido
Gerundio	**Gerundio compuesto**
adquiriendo	habiendo adquirido
Participio	
adquirido	

31 podrir o pudrir

____ INDICATIVO ____

Presente	Pret. perf. comp.
(Presente)	(Antepresente)
pudro	he podrido
pudres	has podrido
pudre	ha podrido
pudrimos	hemos podrido
pudrís	habéis podrido
pudren	han podrido

Pret. imperf.	Pret. pluscuamp.
(Copretérito)	(Antecopretérito)
pudría	había podrido
pudrías	habías podrido
pudría	había podrido
pudríamos	habíamos podrido
pudríais	habíais podrido
pudrían	habían podrido

Pret. perf. simple	Pret. anterior
(Pretérito)	(Antepretérito)
pudrí*	hube podrido
pudriste	hubiste podrido
pudrió	hubo podrido
pudrimos	hubimos podrido
pudristeis	hubisteis podrido
pudrieron	hubieron podrido

Futuro	Futuro perf.
(Futuro)	(Antefuturo)
pudriré**	habré podrido
pudrirás	habrás podrido
pudrirá	habrá podrido
pudriremos	habremos podrido
pudriréis	habréis podrido
pudrirán	habrán podrido

Condicional	Condicional perf.
(Pospretérito)	(Antepospretérito)
pudriría***	habría podrido
pudrirías	habrías podrido
pudriría	habría podrido
pudriríamos	habríamos podrido
pudriríais	habríais podrido
pudrirían	habrían podrido

* o podrí, podriste, etc.
** o podriré, podrirás, etc.
*** o podriría, podrirías, etc.

____ SUBJUNTIVO ____

Presente	Pret. perf.
(Presente)	(Antepresente)
pudra	haya podrido
pudras	hayas podrido
pudra	haya podrido
pudramos	hayamos podrido
pudráis	hayáis podrido
pudran	hayan podrido

Pret. imperf.	Pret. pluscuamp.
(Pretérito)	(Antepretérito)
pudriera	hubiera
o pudriese	o hubiese podrido
pudrieras	hubieras
o pudrieses	o hubieses podrido
pudriera	hubiera
o pudriese	o hubiese podrido
pudriéramos	hubiéramos
o pudriésemos	o hubiésemos podrido
pudrierais	hubierais
o pudrieseis	o hubieseis podrido
pudrieran	hubieran
o pudriesen	o hubiesen podrido

Futuro	Futuro perf.
(Futuro)	(Antefuturo)
pudriere	hubiere podrido
pudrieres	hubieres podrido
pudriere	hubiere podrido
pudriéremos	hubiéremos podrido
pudriereis	hubiereis podrido
pudrieren	hubieren podrido

IMPERATIVO ____

Presente

pudre	tú
pudra	él
pudramos	nosotros
pudrid o podrid	vosotros
pudran	ellos

FORMAS NO PERSONALES ____

Infinitivo	Infinitivo compuesto
podrir o pudrir	haber podrido
Gerundio	Gerundio compuesto
pudriendo	habiendo podrido
Participio	
podrido	

—— INDICATIVO ——

Presente (Presente)	Pret. perf. comp. (Antepresente)
juego	he jugado
juegas	has jugado
juega	ha jugado
jugamos	hemos jugado
jugáis	habéis jugado
juegan	han jugado

Pret. imperf. (Copretérito)	Pret. pluscuamp. (Antecopretérito)
jugaba	había jugado
jugabas	habías jugado
jugaba	había jugado
jugábamos	habíamos jugado
jugabais	habíais jugado
jugaban	habían jugado

Pret. perf. simple (Pretérito)	Pret. anterior (Antepretérito)
jugué	hube jugado
jugaste	hubiste jugado
jugó	hubo jugado
jugamos	hubimos jugado
jugasteis	hubisteis jugado
jugaron	hubieron jugado

Futuro (Futuro)	Futuro perf. (Antefuturo)
jugaré	habré jugado
jugarás	habrás jugado
jugará	habrá jugado
jugaremos	habremos jugado
jugaréis	habréis jugado
jugarán	habrán jugado

Condicional (Pospretérito)	Condicional perf. (Antepospretérito)
jugaría	habría jugado
jugarías	habrías jugado
jugaría	habría jugado
jugaríamos	habríamos jugado
jugaríais	habríais jugado
jugarían	habrían jugado

—— SUBJUNTIVO ——

Presente (Presente)	Pret. perf. (Antepresente)
juegue	haya jugado
juegues	hayas jugado
juegue	haya jugado
juguemos	hayamos jugado
juguéis	hayáis jugado
jueguen	hayan jugado

Pret. imperf. (Pretérito)	Pret. pluscuamp. (Antepretérito)
jugara o jugase	hubiera o hubiese jugado
jugaras o jugases	hubieras o hubieses jugado
jugara o jugase	hubiera o hubiese jugado
jugáramos o jugásemos	hubiéramos o hubiésemos jugado
jugarais o jugaseis	hubierais o hubieseis jugado
jugaran o jugasen	hubieran o hubiesen jugado

Futuro (Futuro)	Futuro perf. (Antefuturo)
jugare	hubiere jugado
jugares	hubieres jugado
jugare	hubiere jugado
jugáremos	hubiéremos jugado
jugareis	hubiereis jugado
jugaren	hubieren jugado

IMPERATIVO ——

Presente

juega	tú
juegue	él
juguemos	nosotros
jugad	vosotros
jueguen	ellos

FORMAS NO PERSONALES ——

Infinitivo	Infinitivo compuesto
jugar	haber jugado
Gerundio	**Gerundio compuesto**
jugando	habiendo jugado
Participio	
jugado	

33 hacer

━━━ INDICATIVO ━━━

Presente
(Presente)

hago
haces
hace
hacemos
hacéis
hacen

Pret. perf. comp.
(Antepresente)

he   hecho
has   hecho
ha   hecho
hemos   hecho
habéis   hecho
han   hecho

Pret. imperf.
(Copretérito)

hacía
hacías
hacía
hacíamos
hacíais
hacían

Pret. pluscuamp.
(Antecopretérito)

había   hecho
habías   hecho
había   hecho
habíamos   hecho
habíais   hecho
habían   hecho

Pret. perf. simple
(Pretérito)

hice
hiciste
hizo
hicimos
hicisteis
hicieron

Pret. anterior
(Antepretérito)

hube   hecho
hubiste   hecho
hubo   hecho
hubimos   hecho
hubisteis   hecho
hubieron   hecho

Futuro
(Futuro)

haré
harás
hará
haremos
haréis
harán

Futuro perf.
(Antefuturo)

habré   hecho
habrás   hecho
habrá   hecho
habremos   hecho
habréis   hecho
habrán   hecho

Condicional
(Pospretérito)

haría
harías
haría
haríamos
haríais
harían

Condicional perf.
(Antepospretérito)

habría   hecho
habrías   hecho
habría   hecho
habríamos   hecho
habríais   hecho
habrían   hecho

━━━ SUBJUNTIVO ━━━

Presente
(Presente)

haga
hagas
haga
hagamos
hagáis
hagan

Pret. perf.
(Antepresente)

haya   hecho
hayas   hecho
haya   hecho
hayamos   hecho
hayáis   hecho
hayan   hecho

Pret. imperf.
(Pretérito)

hiciera
o hiciese
hicieras
o hicieses
hiciera
o hiciese
hiciéramos
o hiciésemos
hicierais
o hicieseis
hicieran
o hiciesen

Pret. pluscuamp.
(Antepretérito)

hubiera
o hubiese   hecho
hubieras
o hubieses   hecho
hubiera
o hubiese   hecho
hubiéramos
o hubiésemos   hecho
hubierais
o hubieseis   hecho
hubieran
o hubiesen   hecho

Futuro
(Futuro)

hiciere
hicieres
hiciere
hiciéremos
hiciereis
hicieren

Futuro perf.
(Antefuturo)

hubiere   hecho
hubieres   hecho
hubiere   hecho
hubiéremos   hecho
hubiereis   hecho
hubieren   hecho

IMPERATIVO

Presente

haz   tú
haga   él
hagamos   nosotros
haced   vosotros
hagan   ellos

FORMAS NO PERSONALES

Infinitivo
hacer

Infinitivo compuesto
haber hecho

Gerundio
haciendo

Gerundio compuesto
habiendo hecho

Participio
hecho

___ INDICATIVO ___

Presente (Presente)	Pret. perf. comp. (Antepresente)	
yazco*	he	yacido
yaces	has	yacido
yace	ha	yacido
yacemos	hemos	yacido
yacéis	habéis	yacido
yacen	han	yacido

Pret. imperf. (Copretérito)	Pret. pluscuamp. (Antecopretérito)	
yacía	había	yacido
yacías	habías	yacido
yacía	había	yacido
yacíamos	habíamos	yacido
yacíais	habíais	yacido
yacían	habían	yacido

Pret. perf. simple (Pretérito)	Pret. anterior (Antepretérito)	
yací	hube	yacido
yaciste	hubiste	yacido
yació	hubo	yacido
yacimos	hubimos	yacido
yacisteis	hubisteis	yacido
yacieron	hubieron	yacido

Futuro (Futuro)	Futuro perf. (Antefuturo)	
yaceré	habré	yacido
yacerás	habrás	yacido
yacerá	habrá	yacido
yaceremos	habremos	yacido
yaceréis	habréis	yacido
yacerán	habrán	yacido

Condicional (Pospretérito)	Condicional perf. (Antepospretérito)	
yacería	habría	yacido
yacerías	habrías	yacido
yacería	habría	yacido
yaceríamos	habríamos	yacido
yaceríais	habríais	yacido
yacerían	habrían	yacido

___ SUBJUNTIVO ___

Presente (Presente)	Pret. perf. (Antepresente)	
yazca**	haya	yacido
yazcas	hayas	yacido
yazca	haya	yacido
yazcamos	hayamos	yacido
yazcáis	hayáis	yacido
yazcan	hayan	yacido

Pret. imperf. (Pretérito)	Pret. pluscuamp. (Antepretérito)	
yaciera o yaciese	hubiera o hubiese	yacido
yacieras o yacieses	hubieras o hubieses	yacido
yaciera o yaciese	hubiera o hubiese	yacido
yaciéramos o yaciésemos	hubiéramos o hubiésemos	yacido
yacierais o yacieseis	hubierais o hubieseis	yacido
yacieran o yaciesen	hubieran o hubiesen	yacido

Futuro (Futuro)	Futuro perf. (Antefuturo)	
yaciere	hubiere	yacido
yacieres	hubieres	yacido
yaciere	hubiere	yacido
yaciéremos	hubiéremos	yacido
yaciereis	hubiereis	yacido
yacieren	hubieren	yacido

IMPERATIVO ___

Presente

yace o yaz	tú
yazca, yazga o yaga	él
yazcamos, yazgamos o yagamos	nosotros
yaced	vosotros
yazcan, yazgan o yagan	ellos

FORMAS NO PERSONALES ___

Infinitivo	Infinitivo compuesto
yacer	haber yacido
Gerundio	**Gerundio compuesto**
yaciendo	habiendo yacido
Participio	
yacido	

* o yazgo o yago
** o yazga o yaga, yazgas o yagas, etc.

35 parecer

—— INDICATIVO——

Presente	Pret. perf. comp.
(Presente)	(Antepresente)
parezco	he parecido
pareces	has parecido
parece	ha parecido
parecemos	hemos parecido
parecéis	habéis parecido
parecen	han parecido

Pret. imperf.	Pret. pluscuamp.
(Copretérito)	(Antecopretérito)
parecía	había parecido
parecías	habías parecido
parecía	había parecido
parecíamos	habíamos parecido
parecíais	habíais parecido
parecían	habían parecido

Pret. perf. simple	Pret. anterior
(Pretérito)	(Antepretérito)
parecí	hube parecido
pareciste	hubiste parecido
pareció	hubo parecido
parecimos	hubimos parecido
parecisteis	hubisteis parecido
parecieron	hubieron parecido

Futuro	Futuro perf.
(Futuro)	(Antefuturo)
pareceré	habré parecido
parecerás	habrás parecido
parecerá	habrá parecido
pareceremos	habremos parecido
pareceréis	habréis parecido
parecerán	habrán parecido

Condicional	Condicional perf.
(Pospretérito)	(Antepospretérito)
parecería	habría parecido
parecerías	habrías parecido
parecería	habría parecido
pareceríamos	habríamos parecido
pareceríais	habríais parecido
parecerían	habrían parecido

—— SUBJUNTIVO——

Presente	Pret. perf.
(Presente)	(Antepresente)
parezca	haya parecido
parezcas	hayas parecido
parezca	haya parecido
parezcamos	hayamos parecido
parezcáis	hayáis parecido
parezcan	hayan parecido

Pret. imperf.	Pret. pluscuamp.
(Pretérito)	(Antepretérito)
pareciera	hubiera
o pareciese	o hubiese parecido
parecieras	hubieras
o parecieses	o hubieses parecido
pareciera	hubiera
o pareciese	o hubiese parecido
pareciéramos	hubiéramos
o pareciésemos	o hubiésemos parecido
parecierais	hubierais
o parecieseis	o hubieseis parecido
parecieran	hubieran
o pareciesen	o hubiesen parecido

Futuro	Futuro perf.
(Futuro)	(Antefuturo)
pareciere	hubiere parecido
parecieres	hubieres parecido
pareciere	hubiere parecido
pareciéremos	hubiéremos parecido
pareciereis	hubiereis parecido
parecieren	hubieren parecido

IMPERATIVO——

Presente

parece	tú
parezca	él
parezcamos	nosotros
pareced	vosotros
parezcan	ellos

FORMAS NO PERSONALES——

Infinitivo	Infinitivo compuesto
parecer	haber parecido
Gerundio	**Gerundio compuesto**
pareciendo	habiendo parecido
Participio	
parecido	

INDICATIVO		SUBJUNTIVO	
Presente	**Pret. perf. comp.**	**Presente**	**Pret. perf.**
(Presente)	(Antepresente)	(Presente)	(Antepresente)
nazco	he nacido	nazca	haya nacido
naces	has nacido	nazcas	hayas nacido
nace	ha nacido	nazca	haya nacido
nacemos	hemos nacido	nazcamos	hayamos nacido
nacéis	habéis nacido	nazcáis	hayáis nacido
nacen	han nacido	nazcan	hayan nacido

Pret. imperf.	**Pret. pluscuamp.**	**Pret. imperf.**	**Pret. pluscuamp.**
(Copretérito)	(Antecopretérito)	(Pretérito)	(Antepretérito)
nacía	había nacido	naciera	hubiera
nacías	habías nacido	o naciese	o hubiese nacido
nacía	había nacido	nacieras	hubieras
nacíamos	habíamos nacido	o nacieses	o hubieses nacido
nacíais	habíais nacido	naciera	hubiera
nacían	habían nacido	o naciese	o hubiese nacido
		naciéramos	hubiéramos
		o naciésemos	o hubiésemos nacido
		nacierais	hubierais
		o nacieseis	o hubieseis nacido
		nacieran	hubieran
		o naciesen	o hubiesen nacido

Pret. perf. simple	**Pret. anterior**	**Futuro**	**Futuro perf.**
(Pretérito)	(Antepretérito)	(Futuro)	(Antefuturo)
nací	hube nacido	naciere	hubiere nacido
naciste	hubiste nacido	nacieres	hubieres nacido
nació	hubo nacido	naciere	hubiere nacido
nacimos	hubimos nacido	naciéremos	hubiéremos nacido
nacisteis	hubisteis nacido	naciereis	hubiereis nacido
nacieron	hubieron nacido	nacieren	hubieren nacido

Futuro	**Futuro perf.**
(Futuro)	(Antefuturo)
naceré	habré nacido
nacerás	habrás nacido
nacerá	habrá nacido
naceremos	habremos nacido
naceréis	habréis nacido
nacerán	habrán nacido

IMPERATIVO

Presente

nace	tú
nazca	él
nazcamos	nosotros
naced	vosotros
nazcan	ellos

Condicional	**Condicional perf.**
(Pospretérito)	(Antepospretérito)
nacería	habría nacido
nacerías	habrías nacido
nacería	habría nacido
naceríamos	habríamos nacido
naceríais	habríais nacido
nacerían	habrían nacido

FORMAS NO PERSONALES

Infinitivo	Infinitivo compuesto
nacer	haber nacido
Gerundio	**Gerundio compuesto**
naciendo	habiendo nacido
Participio	
nacido	

__ INDICATIVO __

Presente	Pret. perf. comp.
(Presente)	(Antepresente)
conozco	he conocido
conoces	has conocido
conoce	ha conocido
conocemos	hemos conocido
conocéis	habéis conocido
conocen	han conocido

Pret. imperf.	Pret. pluscuamp.
(Copretérito)	(Antecopretérito)
conocía	había conocido
conocías	habías conocido
conocía	había conocido
conocíamos	habíamos conocido
conocíais	habíais conocido
conocían	habían conocido

Pret. perf. simple	Pret. anterior
(Pretérito)	(Antepretérito)
conocí	hube conocido
conociste	hubiste conocido
conoció	hubo conocido
conocimos	hubimos conocido
conocisteis	hubisteis conocido
conocieron	hubieron conocido

Futuro	Futuro perf.
(Futuro)	(Antefuturo)
conoceré	habré conocido
conocerás	habrás conocido
conocerá	habrá conocido
conoceremos	habremos conocido
conoceréis	habréis conocido
conocerán	habrán conocido

Condicional	Condicional perf.
(Pospretérito)	(Antepospretérito)
conocería	habría conocido
conocerías	habrías conocido
conocería	habría conocido
conoceríamos	habríamos conocido
conoceríais	habríais conocido
conocerían	habrían conocido

____ SUBJUNTIVO ____

Presente	Pret. perf.
(Presente)	(Antepresente)
conozca	haya conocido
conozcas	hayas conocido
conozca	haya conocido
conozcamos	hayamos conocido
conozcáis	hayáis conocido
conozcan	hayan conocido

Pret. imperf.	Pret. pluscuamp.
(Pretérito)	(Antepretérito)
conociera	hubiera
o conociese	o hubiese conocido
conocieras	hubieras
o conocieses	o hubieses conocido
conociera	hubiera
o conociese	o hubiese conocido
conociéramos	hubiéramos
o conociésemos	o hubiésemos conocido
conocierais	hubierais
o conocieseis	o hubieseis conocido
conocieran	hubieran
o conociesen	o hubiesen conocido

Futuro	Futuro perf.
(Futuro)	(Antefuturo)
conociere	hubiere conocido
conocieres	hubieres conocido
conociere	hubiere conocido
conociéremos	hubiéremos conocido
conociereis	hubiereis conocido
conocieren	hubieren conocido

IMPERATIVO __

Presente	
conoce	tú
conozca	él
conozcamos	nosotros
conoced	vosotros
conozcan	ellos

FORMAS NO PERSONALES ____

Infinitivo	Infinitivo compuesto
conocer	haber conocido
Gerundio	Gerundio compuesto
conociendo	habiendo conocido
Participio	
conocido	

INDICATIVO

Presente	Pret. perf. comp.
(Presente)	(Antepresente)
luzco	he lucido
luces	has lucido
luce	ha lucido
lucimos	hemos lucido
lucís	habéis lucido
lucen	han lucido

Pret. imperf.	Pret. pluscuamp.
(Copretérito)	(Antecopretérito)
lucía	había lucido
lucías	habías lucido
lucía	había lucido
lucíamos	habíamos lucido
lucíais	habíais lucido
lucían	habían lucido

Pret. perf. simple	Pret. anterior
(Pretérito)	(Antepretérito)
lucí	hube lucido
luciste	hubiste lucido
lució	hubo lucido
lucimos	hubimos lucido
lucisteis	hubisteis lucido
lucieron	hubieron lucido

Futuro	Futuro perf.
(Futuro)	(Antefuturo)
luciré	habré lucido
lucirás	habrás lucido
lucirá	habrá lucido
luciremos	habremos lucido
luciréis	habréis lucido
lucirán	habrán lucido

Condicional	Condicional perf.
(Pospretérito)	(Antepospretérito)
luciría	habría lucido
lucirías	habrías lucido
luciría	habría lucido
luciríamos	habríamos lucido
luciríais	habríais lucido
lucirían	habrían lucido

SUBJUNTIVO

Presente	Pret. perf.
(Presente)	(Antepresente)
luzca	haya lucido
luzcas	hayas lucido
luzca	haya lucido
luzcamos	hayamos lucido
luzcáis	hayáis lucido
luzcan	hayan lucido

Pret. imperf.	Pret. pluscuamp.
(Pretérito)	(Antepretérito)
luciera	hubiera
o luciese	o hubiese lucido
lucieras	hubieras
o lucieses	o hubieses lucido
luciera	hubiera
o luciese	o hubiese lucido
luciéramos	hubiéramos
o luciésemos	o hubiésemos lucido
lucierais	hubierais
o lucieseis	o hubieseis lucido
lucieran	hubieran
o luciesen	o hubiesen lucido

Futuro	Futuro perf.
(Futuro)	(Antefuturo)
luciere	hubiere lucido
lucieres	hubieres lucido
luciere	hubiere lucido
luciéremos	hubiéremos lucido
luciereis	hubiereis lucido
lucieren	hubieren lucido

IMPERATIVO

Presente	
luce	tú
luzca	él
luzcamos	nosotros
lucid	vosotros
luzcan	ellos

FORMAS NO PERSONALES

Infinitivo	Infinitivo compuesto
lucir	haber lucido
Gerundio	**Gerundio compuesto**
luciendo	habiendo lucido
Participio	
lucido	

INDICATIVO

Presente (Presente)	Pret. perf. comp. (Antepresente)	
conduzco	he	conducido
conduces	has	conducido
conduce	ha	conducido
conducimos	hemos	conducido
conducís	habéis	conducido
conducen	han	conducido

Pret. imperf. (Copretérito)	Pret. pluscuamp. (Antecopretérito)	
conducía	había	conducido
conducías	habías	conducido
conducía	había	conducido
conducíamos	habíamos	conducido
conducíais	habíais	conducido
conducían	habían	conducido

Pret. perf. simple (Pretérito)	Pret. anterior (Antepretérito)	
conduje	hube	conducido
condujiste	hubiste	conducido
condujo	hubo	conducido
condujimos	hubimos	conducido
condujisteis	hubisteis	conducido
condujeron	hubieron	conducido

Futuro (Futuro)	Futuro perf. (Antefuturo)	
conduciré	habré	conducido
conducirás	habrás	conducido
conducirá	habrá	conducido
conduciremos	habremos	conducido
conduciréis	habréis	conducido
conducirán	habrán	conducido

Condicional (Pospretérito)	Condicional perf. (Antepospretérito)	
conduciría	habría	conducido
conducirías	habrías	conducido
conduciría	habría	conducido
conduciríamos	habríamos	conducido
conduciríais	habríais	conducido
conducirían	habrían	conducido

SUBJUNTIVO

Presente (Presente)	Pret. perf. (Antepresente)	
conduzca	haya	conducido
conduzcas	hayas	conducido
conduzca	haya	conducido
conduzcamos	hayamos	conducido
conduzcáis	hayáis	conducido
conduzcan	hayan	conducido

Pret. imperf. (Pretérito)	Pret. pluscuamp. (Antepretérito)	
condujera	hubiera	
o condujese	o hubiese	conducido
condujeras	hubieras	
o condujeses	o hubieses	conducido
condujera	hubiera	
o condujese	o hubiese	conducido
condujéramos	hubiéramos	
o condujésemos	o hubiésemos	conducido
condujerais	hubierais	
o condujeseis	o hubieseis	conducido
condujeran	hubieran	
o condujesen	o hubiesen	conducido

Futuro (Futuro)	Futuro perf. (Antefuturo)	
condujere	hubiere	conducido
condujeres	hubieres	conducido
condujere	hubiere	conducido
condujéremos	hubiéremos	conducido
condujereis	hubiereis	conducido
condujeren	hubieren	conducido

IMPERATIVO

Presente

conduce	tú
conduzca	él
conduzcamos	nosotros
conducid	vosotros
conduzcan	ellos

FORMAS NO PERSONALES

Infinitivo	Infinitivo compuesto
conducir	haber conducido
Gerundio	Gerundio compuesto
conduciendo	habiendo conducido
Participio	
conducido	

INDICATIVO

Presente	**Pret. perf. comp.**
(Presente)	(Antepresente)
plazco	he placido
places	has placido
place	ha placido
placemos	hemos placido
placéis	habéis placido
placen	han placido

Pret. imperf.	**Pret. pluscuamp.**
(Copretérito)	(Antecopretérito)
placía	había placido
placías	habías placido
placía	había placido
placíamos	habíamos placido
placíais	habíais placido
placían	habían placido

Pret. perf. simple	**Pret. anterior**
(Pretérito)	(Antepretérito)
plací	hube placido
placiste	hubiste placido
plació o plugo	hubo placido
placimos	hubimos placido
placisteis	hubisteis placido
placieron *	hubieron placido

Futuro	**Futuro perf.**
(Futuro)	(Antefuturo)
placeré	habré placido
placerás	habrás placido
placerá	habrá placido
placeremos	habremos placido
placeréis	habréis placido
placerán	habrán placido

Condicional	**Condicional perf.**
(Pospretérito)	(Antepospretérito)
placería	habría placido
placerías	habrías placido
placería	habría placido
placeríamos	habríamos placido
placeríais	habríais placido
placerían	habrían placido

SUBJUNTIVO

Presente	**Pret. perf.**
(Presente)	(Antepresente)
plazca	haya placido
plazcas	hayas placido
plazca o plegue	haya placido
plazcamos	hayamos placido
plazcáis	hayáis placido
plazcan	hayan placido

Pret. imperf.	**Pret. pluscuamp.**
(Pretérito)	(Antepretérito)
placiera	hubiera
o placiese	o hubiese placido
placieras	hubieras
o placieses	o hubieses placido
placiera	hubiera
o placiese **	o hubiese placido
placiéramos	hubiéramos
o placiésemos	o hubiésemos placido
placierais	hubierais
o placieseis	o hubieseis placido
placieran	hubieran
o placiesen	o hubiesen placido

Futuro	**Futuro perf.**
(Futuro)	(Antefuturo)
placiere	hubiere placido
placieres	hubieres placido
placiere***	hubiere placido
placiéremos	hubiéremos placido
placiereis	hubiereis placido
placieren	hubieren placido

IMPERATIVO

Presente

place	tú
plazca	él
plazcamos	nosotros
placed	vosotros
plazcan	ellos

FORMAS NO PERSONALES

Infinitivo	**Infinitivo compuesto**
placer	haber placido
Gerundio	**Gerundio compuesto**
placiendo	habiendo placido
Participio	
placido	

* o pluguieron
** o pluguiera, pluguiese
*** o pluguiere

41 asir

——— INDICATIVO ———

Presente	Pret. perf. comp.
(Presente)	(Antepresente)
asgo	he asido
ases	has asido
ase	ha asido
asimos	hemos asido
asís	habéis asido
asen	han asido

Pret. imperf.	Pret. pluscuamp.
(Copretérito)	(Antecopretérito)
asía	había asido
asías	habías asido
asía	había asido
asíamos	habíamos asido
asíais	habíais asido
asían	habían asido

Pret. perf. simple	Pret. anterior
(Pretérito)	(Antepretérito)
así	hube asido
asiste	hubiste asido
asió	hubo asido
asimos	hubimos asido
asisteis	hubisteis asido
asieron	hubieron asido

Futuro	Futuro perf.
(Futuro)	(Antefuturo)
asiré	habré asido
asirás	habrás asido
asirá	habrá asido
asiremos	habremos asido
asiréis	habréis asido
asirán	habrán asido

Condicional	Condicional perf.
(Pospretérito)	(Antepospretérito)
asiría	habría asido
asirías	habrías asido
asiría	habría asido
asiríamos	habríamos asido
asiríais	habríais asido
asirían	habrían asido

——— SUBJUNTIVO ———

Presente	Pret. perf.
(Presente)	(Antepresente)
asga	haya asido
asgas	hayas asido
asga	haya asido
asgamos	hayamos asido
asgáis	hayáis asido
asgan	hayan asido

Pret. imperf.	Pret. pluscuamp.
(Pretérito)	(Antepretérito)
asiera	hubiera
o asiese	o hubiese asido
asieras	hubieras
o asieses	o hubieses asido
asiera	hubiera
o asiese	o hubiese asido
asiéramos	hubiéramos
o asiésemos	o hubiésemos asido
asierais	hubierais
o asieseis	o hubieseis asido
asieran	hubieran
o asiesen	o hubiesen asido

Futuro	Futuro perf.
(Futuro)	(Antefuturo)
asiere	hubiere asido
asieres	hubieres asido
asiere	hubiere asido
asiéremos	hubiéremos asido
asiereis	hubiereis asido
asieren	hubieren asido

IMPERATIVO ———

Presente	
ase	tú
asga	él
asgamos	nosotros
asid	vosotros
asgan	ellos

FORMAS NO PERSONALES ———

Infinitivo	Infinitivo compuesto
asir	haber asido
Gerundio	Gerundio compuesto
asiendo	habiendo asido
Participio	
asido	

INDICATIVO

Presente	Pret. perf. comp.
(Presente)	(Antepresente)
salgo	he salido
sales	has salido
sale	ha salido
salimos	hemos salido
salís	habéis salido
salen	han salido

Pret. imperf.	Pret. pluscuamp.
(Copretérito)	(Antecopretérito)
salía	había salido
salías	habías salido
salía	había salido
salíamos	habíamos salido
salíais	habíais salido
salían	habían salido

Pret. perf. simple	Pret. anterior
(Pretérito)	(Antepretérito)
salí	hube salido
saliste	hubiste salido
salió	hubo salido
salimos	hubimos salido
salisteis	hubisteis salido
salieron	hubieron salido

Futuro	Futuro perf.
(Futuro)	(Antefuturo)
saldré	habré salido
saldrás	habrás salido
saldrá	habrá salido
saldremos	habremos salido
saldréis	habréis salido
saldrán	habrán salido

Condicional	Condicional perf.
(Pospretérito)	(Antepospretérito)
saldría	habría salido
saldrías	habrías salido
saldría	habría salido
saldríamos	habríamos salido
saldríais	habríais salido
saldrían	habrían salido

SUBJUNTIVO

Presente	Pret. perf.
(Presente)	(Antepresente)
salga	haya salido
salgas	hayas salido
salga	haya salido
salgamos	hayamos salido
salgáis	hayáis salido
salgan	hayan salido

Pret. imperf.	Pret. pluscuamp.
(Pretérito)	(Antepretérito)
saliera	hubiera
o saliese	o hubiese salido
salieras	hubieras
o salieses	o hubieses salido
saliera	hubiera
o saliese	o hubiese salido
saliéramos	hubiéramos
o saliésemos	o hubiésemos salido
salierais	hubierais
o salieseis	o hubieseis salido
salieran	hubieran
o saliesen	o hubiesen salido

Futuro	Futuro perf.
(Futuro)	(Antefuturo)
saliere	hubiere salido
salieres	hubieres salido
saliere	hubiere salido
saliéremos	hubiéremos salido
saliereis	hubiereis. salido
salieren	hubieren salido

IMPERATIVO

Presente

sal	tú
salga	él
salgamos	nosotros
salid	vosotros
salgan	ellos

FORMAS NO PERSONALES

Infinitivo	Infinitivo compuesto
salir	haber salido
Gerundio	**Gerundio compuesto**
saliendo	habiendo salido
Participio	
salido	

43 valer

____ INDICATIVO ____

Presente	Pret. perf. comp.
(Presente)	(Antepresente)

valgo	he	valido
vales	has	valido
vale	ha	valido
valemos	hemos	valido
valéis	habéis	valido
valen	han	valido

Pret. imperf.	Pret. pluscuamp.
(Copretérito)	(Antecopretérito)

valía	había	valido
valías	habías	valido
valía	había	valido
valíamos	habíamos	valido
valíais	habíais	valido
valían	habían	valido

Pret. perf. simple	Pret. anterior
(Pretérito)	(Antepretérito)

valí	hube	valido
valiste	hubiste	valido
valió	hubo	valido
valimos	hubimos	valido
valisteis	hubisteis	valido
valieron	hubieron	valido

Futuro	Futuro perf.
(Futuro)	(Antefuturo)

valdré	habré	valido
valdrás	habrás	valido
valdrá	habrá	valido
valdremos	habremos	valido
valdréis	habréis	valido
valdrán	habrán	valido

Condicional	Condicional perf.
(Pospretérito)	(Antepospretérito)

valdría	habría	valido
valdrías	habrías	valido
valdría	habría	valido
valdríamos	habríamos	valido
valdríais	habríais	valido
valdrían	habrían	valido

____ SUBJUNTIVO ____

Presente	Pret. perf.
(Presente)	(Antepresente)

valga	haya	valido
valgas	hayas	valido
valga	haya	valido
valgamos	hayamos	valido
valgáis	hayáis	valido
valgan	hayan	valido

Pret. imperf.	Pret. pluscuamp.
(Pretérito)	(Antepretérito)

valiera	hubiera	
o valiese	o hubiese	valido
valieras	hubieras	
o valieses	o hubieses	valido
valiera	hubiera	
o valiese	o hubiese	valido
valiéramos	hubiéramos	
o valiésemos	o hubiésemos	valido
valierais	hubierais	
o valieseis	o hubieseis	valido
valieran	hubieran	
o valiesen	o hubiesen	valido

Futuro	Futuro perf.
(Futuro)	(Antefuturo)

valiere	hubiere	valido
valieres	hubieres	valido
valiere	hubiere	valido
valiéremos	hubiéremos	valido
valiereis	hubiereis	valido
valieren	hubieren	valido

IMPERATIVO ____

Presente

vale	tú
valga	él
valgamos	nosotros
valed	vosotros
valgan	ellos

FORMAS NO PERSONALES ____

Infinitivo	Infinitivo compuesto
valer	haber valido
Gerundio	**Gerundio compuesto**
valiendo	habiendo valido
Participio	
valido	

huir 44

──── INDICATIVO ────

Presente		Pret. perf. comp.	
(Presente)		(Antepresente)	
huyo		he	huido
huyes		has	huido
huye		ha	huido
huimos		hemos	huido
huís		habéis	huido
huyen		han	huido

Pret. imperf.		Pret. pluscuamp.	
(Copretérito)		(Antecopretérito)	
huía		había	huido
huías		habías	huido
huía		había	huido
huíamos		habíamos	huido
huíais		habíais	huido
huían		habían	huido

Pret. perf. simple		Pret. anterior	
(Pretérito)		(Antepretérito)	
huí		hube	huido
huiste		hubiste	huido
huyó		hubo	huido
huimos		hubimos	huido
huisteis		hubisteis	huido
huyeron		hubieron	huido

Futuro		Futuro perf.	
(Futuro)		(Antefuturo)	
huiré		habré	huido
huirás		habrás	huido
huirá		habrá	huido
huiremos		habremos	huido
huiréis		habréis	huido
huirán		habrán	huido

Condicional		Condicional perf.	
(Pospretérito)		(Antepospretérito)	
huiría		habría	huido
huirías		habrías	huido
huiría		habría	huido
huiríamos		habríamos	huido
huiríais		habríais	huido
huirían		habrían	huido

──── SUBJUNTIVO ────

Presente		Pret. perf.	
(Presente)		(Antepresente)	
huya		haya	huido
huyas		hayas	huido
huya		haya	huido
huyamos		hayamos	huido
huyáis		hayáis	huido
huyan		hayan	huido

Pret. imperf.		Pret. pluscuamp.	
(Pretérito)		(Antepretérito)	
huyera		hubiera	
o huyese		o hubiese	huido
huyeras		hubieras	
o huyeses		o hubieses	huido
huyera		hubiera	
o huyese		o hubiese	huido
huyéramos		hubiéramos	
o huyésemos		o hubiésemos	huido
huyerais		hubierais	
o huyeseis		o hubieseis	huido
huyeran		hubieran	
o huyesen		o hubiesen	huido

Futuro		Futuro perf.	
(Futuro)		(Antefuturo)	
huyere		hubiere	huido
huyeres		hubieres	huido
huyere		hubiere	huido
huyéremos		hubiéremos	huido
huyereis		hubiereis	huido
huyeren		hubieren	huido

IMPERATIVO ────

Presente

huye	tú
huya	él
huyamos	nosotros
huid	vosotros
huyan	ellos

FORMAS NO PERSONALES ────

Infinitivo	Infinitivo compuesto
huir	haber huido
Gerundio	Gerundio compuesto
huyendo	habiendo huido
Participio	
huido	

45 oír

—— INDICATIVO ——

Presente		Pret. perf. comp.	
(Presente)		(Antepresente)	
oigo		he	oído
oyes		has	oído
oye		ha	oído
oímos		hemos	oído
oís		habéis	oído
oyen		han	oído

Pret. imperf.		Pret. pluscuamp.	
(Copretérito)		(Antecopretérito)	
oía		había	oído
oías		habías	oído
oía		había	oído
oíamos		habíamos	oído
oíais		habíais	oído
oían		habían	oído

Pret. perf. simple		Pret. anterior	
(Pretérito)		(Antepretérito)	
oí		hube	oído
oíste		hubiste	oído
oyó		hubo	oído
oímos		hubimos	oído
oísteis		hubisteis	oído
oyeron		hubieron	oído

Futuro		Futuro perf.	
(Futuro)		(Antefuturo)	
oiré		habré	oído
oirás		habrás	oído
oirá		habrá	oído
oiremos		habremos	oído
oiréis		habréis	oído
oirán		habrán	oído

Condicional		Condicional perf.	
(Pospretérito)		(Antepospretérito)	
oiría		habría	oído
oirías		habrías	oído
oiría		habría	oído
oiríamos		habríamos	oído
oiríais		habríais	oído
oirían		habrían	oído

—— SUBJUNTIVO ——

Presente		Pret. perf.	
(Presente)		(Antepresente)	
oiga		haya	oído
oigas		hayas	oído
oiga		haya	oído
oigamos		hayamos	oído
oigáis		hayáis	oído
oigan		hayan	oído

Pret. imperf.		Pret. pluscuamp.	
(Pretérito)		(Antepretérito)	
oyera		hubiera	
u oyese		o hubiese	oído
oyeras		hubieras	
u oyeses		o hubieses	oído
oyera		hubiera	
u oyese		o hubiese	oído
oyéramos		hubiéramos	
u oyésemos		o hubiésemos	oído
oyerais		hubierais	
u oyeseis		o hubieseis	oído
oyeran		hubieran	
u oyesen		o hubiesen	oído

Futuro		Futuro perf.	
(Futuro)		(Antefuturo)	
oyere		hubiere	oído
oyeres		hubieres	oído
oyere		hubiere	oído
oyéremos		hubiéremos	oído
oyereis		hubiereis	oído
oyeren		hubieren	oído

IMPERATIVO ——

Presente	
oye	tú
oiga	él
oigamos	nosotros
oíd	vosotros
oigan	ellos

FORMAS NO PERSONALES ——

Infinitivo	Infinitivo compuesto
oír	haber oído
Gerundio	**Gerundio compuesto**
oyendo	habiendo oído
Participio	
oído	

decir 46

—— INDICATIVO ——

Presente	Pret. perf. comp.
(Presente)	(Antepresente)
digo	he dicho
dices	has dicho
dice	ha dicho
decimos	hemos dicho
decís	habéis dicho
dicen	han dicho

Pret. imperf.	Pret. pluscuamp.
(Copretérito)	(Antecopretérito)
decía	había dicho
decías	habías dicho
decía	había dicho
decíamos	habíamos dicho
decíais	habíais dicho
decían	habían dicho

Pret. perf. simple	Pret. anterior
(Pretérito)	(Antepretérito)
dije	hube dicho
dijiste	hubiste dicho
dijo	hubo dicho
dijimos	hubimos dicho
dijisteis	hubisteis dicho
dijeron	hubieron dicho

Futuro	Futuro perf.
(Futuro)	(Antefuturo)
diré	habré dicho
dirás	habrás dicho
dirá	habrá dicho
diremos	habremos dicho
diréis	habréis dicho
dirán	habrán dicho

Condicional	Condicional perf.
(Pospretérito)	(Antepospretérito)
diría	habría dicho
dirías	habrías dicho
diría	habría dicho
diríamos	habríamos dicho
diríais	habríais dicho
dirían	habrían dicho

—— SUBJUNTIVO ——

Presente	Pret. perf.
(Presente)	(Antepresente)
diga	haya dicho
digas	hayas dicho
diga	haya dicho
digamos	hayamos dicho
digáis	hayáis dicho
digan	hayan dicho

Pret. imperf.	Pret. pluscuamp.
(Pretérito)	(Antepretérito)
dijera	hubiera
o dijese	o hubiese dicho
dijeras	hubieras
o dijeses	o hubieses dicho
dijera	hubiera
o dijese	o hubiese dicho
dijéramos	hubiéramos
o dijésemos	o hubiésemos dicho
dijerais	hubierais
o dijeseis	o hubieseis dicho
dijeran	hubieran
o dijesen	o hubiesen dicho

Futuro	Futuro perf.
(Futuro)	(Antefuturo)
dijere	hubiere dicho
dijeres	hubieres dicho
dijere	hubiere dicho
dijéremos	hubiéremos dicho
dijereis	hubiereis dicho
dijeren	hubieren dicho

IMPERATIVO ——

Presente

di	tú
diga	él
digamos	nosotros
decid	vosotros
digan	ellos

FORMAS NO PERSONALES ——

Infinitivo	Infinitivo compuesto
decir	haber dicho
Gerundio	**Gerundio compuesto**
diciendo	habiendo dicho
Participio	
dicho	

—— INDICATIVO ——

Presente (Presente)	Pret. perf. comp. (Antepresente)	
predigo	he	predicho
predices	has	predicho
predice	ha	predicho
predecimos	hemos	predicho
predecís	habéis	predicho
predicen	han	predicho

Pret. imperf. (Copretérito)	Pret. pluscuamp. (Antecopretérito)	
predecía	había	predicho
predecías	habías	predicho
predecía	había	predicho
predecíamos	habíamos	predicho
predecíais	habíais	predicho
predecían	habían	predicho

Pret. perf. simple (Pretérito)	Pret. anterior (Antepretérito)	
predije	hube	predicho
predijiste	hubiste	predicho
predijo	hubo	predicho
predijimos	hubimos	predicho
predijisteis	hubisteis	predicho
predijeron	hubieron	predicho

Futuro (Futuro)	Futuro perf. (Antefuturo)	
predeciré	habré	predicho
predecirás	habrás	predicho
predecirá	habrá	predicho
predeciremos	habremos	predicho
predeciréis	habréis	predicho
predecirán	habrán	predicho

Condicional (Pospretérito)	Condicional perf. (Antepospretérito)	
predeciría	habría	predicho
predecirías	habrías	predicho
predeciría	habría	predicho
predeciríamos	habríamos	predicho
predeciríais	habríais	predicho
predecirían	habrían	predicho

—— SUBJUNTIVO ——

Presente (Presente)	Pret. perf. (Antepresente)	
prediga	haya	predicho
predigas	hayas	predicho
prediga	haya	predicho
predigamos	hayamos	predicho
predigáis	hayáis	predicho
predigan	hayan	predicho

Pret. imperf. (Pretérito)	Pret. pluscuamp. (Antepretérito)	
predijera	hubiera	
o predijese	o hubiese	predicho
predijeras	hubieras	
o predijeses	o hubieses	predicho
predijera	hubiera	
o predijese	o hubiese	predicho
predijéramos	hubiéramos	
o predijésemos	o hubiésemos	predicho
predijerais	hubierais	
o predijeseis	o hubieseis	predicho
predijeran	hubieran	
o predijesen	o hubiesen	predicho

Futuro (Futuro)	Futuro perf. (Antefuturo)	
predijere	hubiere	predicho
predijeres	hubieres	predicho
predijere	hubiere	predicho
predijéremos	hubiéremos	predicho
predijereis	hubiereis	predicho
predijeren	hubieren	predicho

IMPERATIVO ——

Presente

predice	tú
prediga	él
predigamos	nosotros
predecid	vosotros
predigan	ellos

FORMAS NO PERSONALES ——

Infinitivo	Infinitivo compuesto
predecir	haber predicho
Gerundio	**Gerundio compuesto**
prediciendo	habiendo predicho
Participio	
predicho	

caber 48

____ INDICATIVO ____

Presente (Presente)	Pret. perf. comp. (Antepresente)	
quepo	he	cabido
cabes	has	cabido
cabe	ha	cabido
cabemos	hemos	cabido
cabéis	habéis	cabido
caben	han	cabido

Pret. imperf. (Copretérito)	Pret. pluscuamp. (Antecopretérito)	
cabía	había	cabido
cabías	habías	cabido
cabía	había	cabido
cabíamos	habíamos	cabido
cabíais	habíais	cabido
cabían	habían	cabido

Pret. perf. simple (Pretérito)	Pret. anterior (Antepretérito)	
cupe	hube	cabido
cupiste	hubiste	cabido
cupo	hubo	cabido
cupimos	hubimos	cabido
cupisteis	hubisteis	cabido
cupieron	hubieron	cabido

Futuro (Futuro)	Futuro perf. (Antefuturo)	
cabré	habré	cabido
cabrás	habrás	cabido
cabrá	habrá	cabido
cabremos	habremos	cabido
cabréis	habréis	cabido
cabrán	habrán	cabido

Condicional (Pospretérito)	Condicional perf. (Antepospretérito)	
cabría	habría	cabido
cabrías	habrías	cabido
cabría	habría	cabido
cabríamos	habríamos	cabido
cabrías	habríais	cabido
cabrían	habrían	cabido

____ SUBJUNTIVO ____

Presente (Presente)	Pret. perf. (Antepresente)	
quepa	haya	cabido
quepas	hayas	cabido
quepa	haya	cabido
quepamos	hayamos	cabido
quepáis	hayáis	cabido
quepan	hayan	cabido

Pret. imperf. (Pretérito)	Pret. pluscuamp. (Antepretérito)	
cupiera	hubiera	
o cupiese	o hubiese	cabido
cupieras	hubieras	
o cupieses	o hubieses	cabido
cupiera	hubiera	
o cupiese	o hubiese	cabido
cupiéramos	hubiéramos	
o cupiésemos	o hubiésemos	cabido
cupierais	hubierais	
o cupieseis	o hubieseis	cabido
cupieran	hubieran	
o cupiesen	o hubiesen	cabido

Futuro (Futuro)	Futuro perf. (Antefuturo)	
cupiere	hubiere	cabido
cupieres	hubieres	cabido
cupiere	hubiere	cabido
cupiéremos	hubiéremos	cabido
cupiereis	hubiereis	cabido
cupieren	hubieren	cabido

IMPERATIVO ____

Presente

cabe	tú
quepa	él
quepamos	nosotros
cabed	vosotros
quepan	ellos

FORMAS NO PERSONALES ____

Infinitivo	Infinitivo compuesto
caber	haber cabido
Gerundio	**Gerundio compuesto**
cabiendo	habiendo cabido
Participio	
cabido	

49 saber

—— INDICATIVO ——

Presente	Pret. perf. comp.
(Presente)	(Antepresente)
sé	he sabido
sabes	has sabido
sabe	ha sabido
sabemos	hemos sabido
sabéis	habéis sabido
saben	han sabido

Pret. imperf.	Pret. pluscuamp.
(Copretérito)	(Antecopretérito)
sabía	había sabido
sabías	habías sabido
sabía	había sabido
sabíamos	habíamos sabido
sabíais	habíais sabido
sabían	habían sabido

Pret. perf. simple	Pret. anterior
(Pretérito)	(Antepretérito)
supe	hube sabido
supiste	hubiste sabido
supo	hubo sabido
supimos	hubimos sabido
supisteis	hubisteis sabido
supieron	hubieron sabido

Futuro	Futuro perf.
(Futuro)	(Antefuturo)
sabré	habré sabido
sabrás	habrás sabido
sabrá	habrá sabido
sabremos	habremos sabido
sabréis	habréis sabido
sabrán	habrán sabido

Condicional	Condicional perf.
(Pospretérito)	(Antepospretérito)
sabría	habría sabido
sabrías	habrías sabido
sabría	habría sabido
sabríamos	habríamos sabido
sabríais	habríais sabido
sabrían	habrían sabido

—— SUBJUNTIVO ——

Presente	Pret. perf.
(Presente)	(Antepresente)
sepa	haya sabido
sepas	hayas sabido
sepa	haya sabido
sepamos	hayamos sabido
sepáis	hayáis sabido
sepan	hayan sabido

Pret. imperf.	Pret. pluscuamp.
(Pretérito)	(Antepretérito)
supiera	hubiera
o supiese	o hubiese sabido
supieras	hubieras
o supieses	o hubieses sabido
supiera	hubiera
o supiese	o hubiese sabido
supiéramos	hubiéramos
o supiésemos	o hubiésemos sabido
supierais	hubierais
o supieseis	o hubieseis sabido
supieran	hubieran
o supiesen	o hubiesen sabido

Futuro	Futuro perf.
(Futuro)	(Antefuturo)
supiere	hubiere sabido
supieres	hubieres sabido
supiere	hubiere sabido
supiéremos	hubiéremos sabido
supiereis	hubiereis sabido
supieren	hubieren sabido

IMPERATIVO

Presente

sabe	tú
sepa	él
sepamos	nosotros
sabed	vosotros
sepan	ellos

FORMAS NO PERSONALES

Infinitivo	Infinitivo compuesto
saber	haber sabido
Gerundio	**Gerundio compuesto**
sabiendo	habiendo sabido
Participio	
sabido	

INDICATIVO

Presente	Pret. perf. comp.
(Presente)	(Antepresente)

caigo	he	caído
caes	has	caído
cae	ha	caído
caemos	hemos	caído
caéis	habéis	caído
caen	han	caído

Pret. imperf.	Pret. pluscuamp.
(Copretérito)	(Antecopretérito)

caía	había	caído
caías	habías	caído
caía	había	caído
caíamos	habíamos	caído
caíais	habíais	caído
caían	habían	caído

Pret. perf. simple	Pret. anterior
(Pretérito)	(Antepretérito)

caí	hube	caído
caíste	hubiste	caído
cayó	hubo	caído
caímos	hubimos	caído
caísteis	hubisteis	caído
cayeron	hubieron	caído

Futuro	Futuro perf.
(Futuro)	(Antefuturo)

caeré	habré	caído
caerás	habrás	caído
caerá	habrá	caído
caeremos	habremos	caído
caeréis	habréis	caído
caerán	habrán	caído

Condicional	Condicional perf.
(Pospretérito)	(Antepospretérito)

caería	habría	caído
caerías	habrías	caído
caería	habría	caído
caeríamos	habríamos	caído
caeríais	habríais	caído
caerían	habrían	caído

SUBJUNTIVO

Presente	Pret. perf.
(Presente)	(Antepresente)

caiga	haya	caído
caigas	hayas	caído
caiga	haya	caído
caigamos	hayamos	caído
caigáis	hayáis	caído
caigan	hayan	caído

Pret. imperf.	Pret. pluscuamp.
(Pretérito)	(Antepretérito)

cayera	hubiera	
o cayese	o hubiese	caído
cayeras	hubieras	
o cayeses	o hubieses	caído
cayera	hubiera	
o cayese	o hubiese	caído
cayéramos	hubiéramos	
o cayésemos	o hubiésemos	caído
cayerais	hubierais	
o cayeseis	o hubieseis	caído
cayeran	hubieran	
o cayesen	o hubiesen	caído

Futuro	Futuro perf.
(Futuro)	(Antefuturo)

cayere	hubiere	caído
cayeres	hubieres	caído
cayere	hubiere	caído
cayéremos	hubiéremos	caído
cayereis	hubiereis	caído
cayeren	hubieren	caído

IMPERATIVO

Presente

cae	tú
caiga	él
caigamos	nosotros
caed	vosotros
caigan	ellos

FORMAS NO PERSONALES

Infinitivo	Infinitivo compuesto
caer	haber caído
Gerundio	**Gerundio compuesto**
cayendo	habiendo caído
Participio	
caído	

51 traer

—— INDICATIVO ——

Presente		Pret. perf. comp.	
(Presente)		(Antepresente)	
traigo		he	traído
traes		has	traído
trae		ha	traído
traemos		hemos	traído
traéis		habéis	traído
traen		han	traído

Pret. imperf.		Pret. pluscuamp.	
(Copretérito)		(Antecopretérito)	
traía		había	traído
traías		habías	traído
traía		había	traído
traíamos		habíamos	traído
traíais		habíais	traído
traían		habían	traído

Pret. perf. simple		Pret. anterior	
(Pretérito)		(Antepretérito)	
traje		hube	traído
trajiste		hubiste	traído
trajo		hubo	traído
trajimos		hubimos	traído
trajisteis		hubisteis	traído
trajeron		hubieron	traído

Futuro		Futuro perf.	
(Futuro)		(Antefuturo)	
traeré		habré	traído
traerás		habrás	traído
traerá		habrá	traído
traeremos		habremos	traído
traeréis		habréis	traído
traerán		habrán	traído

Condicional		Condicional perf.	
(Pospretérito)		(Antepospretérito)	
traería		habría	traído
traerías		habrías	traído
traería		habría	traído
traeríamos		habríamos	traído
traeríais		habríais	traído
traerían		habrían	traído

—— SUBJUNTIVO ——

Presente		Pret. perf.	
(Presente)		(Antepresente)	
traiga		haya	traído
traigas		hayas	traído
traiga		haya	traído
traigamos		hayamos	traído
traigáis		hayáis	traído
traigan		hayan	traído

Pret. imperf.		Pret. pluscuamp.	
(Pretérito)		(Antepretérito)	
trajera		hubiera	
o trajese		o hubiese	traído
trajeras		hubieras	
o trajeses		o hubieses	traído
trajera		hubiera	
o trajese		o hubiese	traído
trajéramos		hubiéramos	
o trajésemos		o hubiésemos	traído
trajerais		hubierais	
o trajeseis		o hubieseis	traído
trajeran		hubieran	
o trajesen		o hubiesen	traído

Futuro		Futuro perf.	
(Futuro)		(Antefuturo)	
trajere		hubiere	traído
trajeres		hubieres	traído
trajere		hubiere	traído
trajéremos		hubiéremos	traído
trajereis		hubiereis	traído
trajeren		hubieren	traído

IMPERATIVO ——

Presente

trae	tú
traiga	él
traigamos	nosotros
traed	vosotros
traigan	ellos

FORMAS NO PERSONALES ——

Infinitivo	Infinitivo compuesto
traer	haber traído
Gerundio	**Gerundio compuesto**
trayendo	habiendo traído
Participio	
traído	

INDICATIVO

Presente	Pret. perf. comp.	
(Presente)	(Antepresente)	
rao*	he	raído
raes	has	raído
rae	ha	raído
raemos	hemos	raído
raéis	habéis	raído
raen	han	raído

Pret. imperf.	Pret. pluscuamp.	
(Copretérito)	(Antecopretérito)	
raía	había	raído
raías	habías	raído
raía	había	raído
raíamos	habíamos	raído
raíais	habíais	raído
raían	habían	raído

Pret. perf. simple	Pret. anterior	
(Pretérito)	(Antepretérito)	
raí	hube	raído
raíste	hubiste	raído
rayó	hubo	raído
raímos	hubimos	raído
raísteis	hubisteis	raído
rayeron	hubieron	raído

Futuro	Futuro perf.	
(Futuro)	(Antefuturo)	
raeré	habré	raído
raerás	habrás	raído
raerá	habrá	raído
raeremos	habremos	raído
raeréis	habréis	raído
raerán	habrán	raído

Condicional	Condicional perf.	
(Pospretérito)	(Antepospretérito)	
raería	habría	raído
raerías	habrías	raído
raería	habría	raído
raeríamos	habríamos	raído
raeríais	habríais	raído
raerían	habrían	raído

SUBJUNTIVO

Presente	Pret. perf.	
(Presente)	(Antepresente)	
raiga**	haya	raído
raigas	hayas	raído
raiga	haya	raído
raigamos	hayamos	raído
raigáis	hayáis	raído
raigan	hayan	raído

Pret. imperf.	Pret. pluscuamp.	
(Pretérito)	(Antepretérito)	
rayera	hubiera	
o rayese	o hubiese	raído
rayeras	hubieras	
o rayeses	o hubieses	raído
rayera	hubiera	
o rayese	o hubiese	raído
rayéramos	hubiéramos	
o rayésemos	o hubiésemos	raído
rayerais	hubierais	
o rayeseis	o hubieseis	raído
rayeran	hubieran	
o rayesen	o hubiesen	raído

Futuro	Futuro perf.	
(Futuro)	(Antefuturo)	
rayere	hubiere	raído
rayeres	hubieres	raído
rayere	hubiere	raído
rayéremos	hubiéremos	raído
rayereis	hubiereis	raído
rayeren	hubieren	raído

IMPERATIVO

Presente

rae	tú
raiga o raya	él
raigamos o rayamos	nosotros
raed	vosotros
raigan o rayan	ellos

FORMAS NO PERSONALES

Infinitivo	Infinitivo compuesto
raer	haber raído
Gerundio	**Gerundio compuesto**
rayendo	habiendo raído
Participio	
raído	

*　o raigo o rayo
**　o raya, rayas, etc.

53 roer

—— INDICATIVO ——

Presente		Pret. perf. comp.	
(Presente)		(Antepresente)	
roo*		he	roído
roes		has	roído
roe		ha	roído
roemos		hemos	roído
roéis		habéis	roído
roen		han	roído

Pret. imperf.		Pret. pluscuamp.	
(Copretérito)		(Antecopretérito)	
roía		había	roído
roías		habías	roído
roía		había	roído
roíamos		habíamos	roído
roíais		habíais	roído
roían		habían	roído

Pret. perf. simple		Pret. anterior	
(Pretérito)		(Antepretérito)	
roí		hube	roído
roíste		hubiste	roído
royó		hubo	roído
roímos		hubimos	roído
roísteis		hubisteis	roído
royeron		hubieron	roído

Futuro		Futuro perf.	
(Futuro)		(Antefuturo)	
roeré		habré	roído
roerás		habrás	roído
roerá		habrá	roído
roeremos		habremos	roído
roeréis		habréis	roído
roerán		habrán	roído

Condicional		Condicional perf.	
(Pospretérito)		(Antepospretérito)	
roería		habría	roído
roerías		habrías	roído
roería		habría	roído
roeríamos		habríamos	roído
roeríais		habríais	roído
roerían		habrían	roído

—— SUBJUNTIVO ——

Presente		Pret. perf.	
(Presente)		(Antepresente)	
roa**		haya	roído
roas		hayas	roído
roa		haya	roído
roamos		hayamos	roído
roáis		hayáis	roído
roan		hayan	roído

Pret. imperf.		Pret. pluscuamp.	
(Pretérito)		(Antepretérito)	
royera		hubiera	
o royese		o hubiese	roído
royeras		hubieras	
o royeses		o hubieses	roído
royera		hubiera	
o royese		o hubiese	roído
royéramos		hubiéramos	
o royésemos		o hubiésemos	roído
royerais		hubierais	
o royeseis		o hubieseis	roído
royeran		hubieran	
o royesen		o hubiesen	roído

Futuro		Futuro perf.	
(Futuro)		(Antefuturo)	
royere		hubiere	roído
royeres		hubieres	roído
royere		hubiere	roído
royéremos		hubiéremos	roído
royereis		hubiereis	roído
royeren		hubieren	roído

IMPERATIVO ——

Presente

roe	tú
roa, roiga o roya	él
roamos, roigamos o royamos	nosotros
roed	vosotros
roan, roigan o royan	ellos

FORMAS NO PERSONALES ——

Infinitivo	Infinitivo compuesto
roer	haber roído
Gerundio	**Gerundio compuesto**
royendo	habiendo roído
Participio	
roído	

* o roigo o royo
** o roiga o roya, roigas o royas, etc.

___ INDICATIVO ___

Presente	Pret. perf. comp.
(Presente)	(Antepresente)

leo	he leído
lees	has leído
lee	ha leído
leemos	hemos leído
leéis	habéis leído
leen	han leído

Pret. imperf.	Pret. pluscuamp.
(Copretérito)	(Antecopretérito)

leía	había leído
leías	habías leído
leía	había leído
leíamos	habíamos leído
leíais	habíais leído
leían	habían leído

Pret. perf. simple	Pret. anterior
(Pretérito)	(Antepretérito)

leí	hube leído
leíste	hubiste leído
leyó	hubo leído
leímos	hubimos leído
leísteis	hubisteis leído
leyeron	hubieron leído

Futuro	Futuro perf.
(Futuro)	(Antefuturo)

leeré	habré leído
leerás	habrás leído
leerá	habrá leído
leeremos	habremos leído
leeréis	habréis leído
leerán	habrán leído

Condicional	Condicional perf.
(Pospretérito)	(Antepospretérito)

leería	habría leído
leerías	habrías leído
leería	habría leído
leeríamos	habríamos leído
leeríais	habríais leído
leerían	habrían leído

___ SUBJUNTIVO ___

Presente	Pret. perf.
(Presente)	(Antepresente)

lea	haya leído
leas	hayas leído
lea	haya leído
leamos	hayamos leído
leáis	hayáis leído
lean	hayan leído

Pret. imperf.	Pret. pluscuamp.
(Pretérito)	(Antepretérito)

leyera	hubiera
o leyese	o hubiese leído
leyeras	hubieras
o leyeses	o hubieses leído
leyera	hubiera
o leyese	o hubiese leído
leyéramos	hubiéramos
o leyésemos	o hubiésemos leído
leyerais	hubierais
o leyeseis	o hubieseis leído
leyeran	hubieran
o leyesen	o hubiesen leído

Futuro	Futuro perf.
(Futuro)	(Antefuturo)

leyere	hubiere leído
leyeres	hubieres leído
leyere	hubiere leído
leyéremos	hubiéremos leído
leyereis	hubiereis leído
leyeren	hubieren leído

IMPERATIVO ___

Presente

lee	tú
lea	él
leamos	nosotros
leed	vosotros
lean	ellos

FORMAS NO PERSONALES ___

Infinitivo	Infinitivo compuesto
leer	haber leído
Gerundio	**Gerundio compuesto**
leyendo	habiendo leído
Participio	
leído	

—— INDICATIVO ——

Presente		Pret. perf. comp.	
(Presente)		(Antepresente)	
veo		he	visto
ves		has	visto
ve		ha	visto
vemos		hemos	visto
veis		habéis	visto
ven		han	visto

Pret. imperf.		Pret. pluscuamp.	
(Copretérito)		(Antecopretérito)	
veía		había	visto
veías		habías	visto
veía		había	visto
veíamos		habíamos	visto
veíais		habíais	visto
veían		habían	visto

Pret. perf. simple		Pret. anterior	
(Pretérito)		(Antepretérito)	
vi		hube	visto
viste		hubiste	visto
vio		hubo	visto
vimos		hubimos	visto
visteis		hubisteis	visto
vieron		hubieron	visto

Futuro		Futuro perf.	
(Futuro)		(Antefuturo)	
veré		habré	visto
verás		habrás	visto
verá		habrá	visto
veremos		habremos	visto
veréis		habréis	visto
verán		habrán	visto

Condicional		Condicional perf.	
(Pospretérito)		(Antepospretérito)	
vería		habría	visto
verías		habrías	visto
vería		habría	visto
veríamos		habríamos	visto
veríais		habríais	visto
verían		habrían	visto

—— SUBJUNTIVO ——

Presente		Pret. perf. comp.	
(Presente)		(Antepresente)	
vea		haya	visto
veas		hayas	visto
vea		haya	visto
veamos		hayamos	visto
veáis		hayáis	visto
vean		hayan	visto

Pret. imperf.		Pret. pluscuamp.	
(Pretérito)		(Antepretérito)	
viera		hubiera	
o viese		o hubiese	visto
vieras		hubieras	
o vieses		o hubieses	visto
viera		hubiera	
o viese		o hubiese	visto
viéramos		hubiéramos	
o viésemos		o hubiésemos	visto
vierais		hubierais	
o vieseis		o hubieseis	visto
vieran		hubieran	
o viesen		o hubiesen	visto

Futuro		Futuro perf.	
(Futuro)		(Antefuturo)	
viere		hubiere	visto
vieres		hubieres	visto
viere		hubiere	visto
viéremos		hubiéremos	visto
viereis		hubiereis	visto
vierén		hubieren	visto

IMPERATIVO ——

Presente	
ve	tú
vea	él
veamos	nosotros
ved	vosotros
vean	ellos

FORMAS NO PERSONALES ——

Infinitivo	Infinitivo compuesto
ver	haber visto
Gerundio	**Gerundio compuesto**
viendo	habiendo visto
Participio	
visto	

dar 56

____ INDICATIVO ____

Presente	Pret. perf. comp.
(Presente)	(Antepresente)
doy	he dado
das	has dado
da	ha dado
damos	hemos dado
dais	habéis dado
dan	han dado

Pret. imperf.	Pret. pluscuamp.
(Copretérito)	(Antecopretérito)
daba	había dado
dabas	habías dado
daba	había dado
dábamos	habíamos dado
dabais	habíais dado
daban	habían dado

Pret. perf. simple	Pret. anterior
(Pretérito)	(Antepretérito)
di	hube dado
diste	hubiste dado
dio	hubo dado
dimos	hubimos dado
disteis	hubisteis dado
dieron	hubieron dado

Futuro	Futuro perf.
(Futuro)	(Antefuturo)
daré	habré dado
darás	habrás dado
dará	habrá dado
daremos	habremos dado
daréis	habréis dado
darán	habrán dado

Condicional	Condicional perf.
(Pospretérito)	(Antepospretérito)
daría	habría dado
darías	habrías dado
daría	habría dado
daríamos	habríamos dado
daríais	habríais dado
darían	habrían dado

____ SUBJUNTIVO ____

Presente	Pret. perf.
(Presente)	(Antepresente)
dé	haya dado
des	hayas dado
dé	haya dado
demos	hayamos dado
deis	hayáis dado
den	hayan dado

Pret. imperf.	Pret. pluscuamp.
(Pretérito)	(Antepretérito)
diera	hubiera
o diese	o hubiese dado
dieras	hubieras
o dieses	o hubieses dado
diera	hubiera
o diese	o hubiese dado
diéramos	hubiéramos
o diésemos	o hubiésemos dado
dierais	hubierais
o dieseis	ó hubieseis dado
dieran	hubieran
o diesen	o hubiesen dado

Futuro	Futuro perf.
(Futuro)	(Antefuturo)
diere	hubiere dado
dieres	hubieres dado
diere	hubiere dado
diéremos	hubiéremos dado
diereis	hubiereis dado
dieren	hubieren dado

IMPERATIVO ____

Presente

da	tú
dé	él
demos	nosotros
dad	vosotros
den	ellos

FORMAS NO PERSONALES ____

Infinitivo	Infinitivo compuesto
dar	haber dado
Gerundio	Gerundio compuesto
dando	habiendo dado
Participio	
dado	

57 estar

——— INDICATIVO ———

Presente	Pret. perf. comp.
(Presente)	(Antepresente)
estoy	he estado
estás	has estado
está	ha estado
estamos	hemos estado
estáis	habéis estado
están	han estado

Pret. imperf.	Pret. pluscuamp.
(Copretérito)	(Antecopretérito)
estaba	había estado
estabas	habías estado
estaba	había estado
estábamos	habíamos estado
estabais	habíais estado
estaban	habían estado

Pret. perf. simple	Pret. anterior
(Pretérito)	(Antepretérito)
estuve	hube estado
estuviste	hubiste estado
estuvo	hubo estado
estuvimos	hubimos estado
estuvisteis	hubisteis estado
estuvieron	hubieron estado

Futuro	Futuro perf.
(Futuro)	(Antefuturo)
estaré	habré estado
estarás	habrás estado
estará	habrá estado
estaremos	habremos estado
estaréis	habréis estado
estarán	habrán estado

Condicional	Condicional perf.
(Pospretérito)	(Antepospretérito)
estaría	habría estado
estarías	habrías estado
estaría	habría estado
estaríamos	habríamos estado
estaríais	habríais estado
estarían	habrían estado

——— SUBJUNTIVO ———

Presente	Pret. perf.
(Presente)	(Antepresente)
esté	haya estado
estés	hayas estado
esté	haya estado
estemos	hayamos estado
estéis	hayáis estado
estén	hayan estado

Pret. imperf.	Pret. pluscuamp.
(Pretérito)	(Antepretérito)
estuviera	hubiera
o estuviese	o hubiese estado
estuvieras	hubieras
o estuvieses	o hubieses estado
estuviera	hubiera
o estuviese	o hubiese estado
estuviéramos	hubiéramos
o estuviésemos	o hubiésemos estado
estuvierais	hubierais
o estuvieseis	o hubieseis estado
estuvieran	hubieran
o estuviesen	o hubiesen estado

Futuro	Futuro perf.
(Futuro)	(Antefuturo)
estuviere	hubiere estado
estuvieres	hubieres estado
estuviere	hubiere estado
estuviéremos	hubiéremos estado
estuviereis	hubiereis estado
estuvieren	hubieren estado

IMPERATIVO ———

Presente

está	tú
esté	él
estemos	nosotros
estad	vosotros
estén	ellos

FORMAS NO PERSONALES ———

Infinitivo	Infinitivo compuesto
estar	haber estado
Gerundio	**Gerundio compuesto**
estando	habiendo estado
Participio	
estado	

INDICATIVO

Presente (Presente)	Pret. perf. comp. (Antepresente)	
voy	he	ido
vas	has	ido
va	ha	ido
vamos	hemos	ido
vais	habéis	ido
van	han	ido

Pret. imperf. (Copretérito)	Pret. pluscuamp. (Antecopretérito)	
iba	había	ido
ibas	habías	ido
iba	había	ido
íbamos	habíamos	ido
ibais	habíais	ido
iban	habían	ido

Pret. perf. simple (Pretérito)	Pret. anterior (Antepretérito)	
fui	hube	ido
fuiste	hubiste	ido
fue	hubo	ido
fuimos	hubimos	ido
fuisteis	hubisteis	ido
fueron	hubieron	ido

Futuro (Futuro)	Futuro perf. (Antefuturo)	
iré	habré	ido
irás	habrás	ido
irá	habrá	ido
iremos	habremos	ido
iréis	habréis	ido
irán	habrán	ido

Condicional (Pospretérito)	Condicional perf. (Antepospretérito)	
iría	habría	ido
irías	habrías	ido
iría	habría	ido
iríamos	habríamos	ido
iríais	habríais	ido
irían	habrían	ido

SUBJUNTIVO

Presente (Presente)	Pret. perf. (Antepresente)	
vaya	haya	ido
vayas	hayas	ido
vaya	haya	ido
vayamos	hayamos	ido
vayáis	hayáis	ido
vayan	hayan	ido

Pret. imperf. (Pretérito)	Pret. pluscuamp. (Antepretérito)	
fuera	hubiera	
o fuese	o hubiese	ido
fueras	hubieras	
o fueses	o hubieses	ido
fuera	hubiera	
o fuese	o hubiese	ido
fuéramos	hubiéramos	
o fuésemos	o hubiésemos	ido
fuerais	hubierais	
o fueseis	o hubieseis	ido
fueran	hubieran	
o fuesen	o hubiesen	ido

Futuro (Futuro)	Futuro perf. (Antefuturo)	
fuere	hubiere	ido
fueres	hubieres	ido
fuere	hubiere	ido
fuéremos	hubiéremos	ido
fuereis	hubiereis	ido
fueren	hubieren	ido

IMPERATIVO

Presente

ve	tú
vaya	él
vayamos	nosotros
id	vosotros
vayan	ellos

FORMAS NO PERSONALES

Infinitivo	Infinitivo compuesto
ir	haber ido
Gerundio	Gerundio compuesto
yendo	habiendo ido
Participio	
ido	

——— INDICATIVO ———

Presente	Pret. perf. comp.
(Presente)	(Antepresente)
ando	he andado
andas	has andado
anda	ha andado
andamos	hemos andado
andáis	habéis andado
andan	han andado

Pret. imperf.	Pret. pluscuamp.
(Copretérito)	(Antecopretérito)
andaba	había andado
andabas	habías andado
andaba	había andado
andábamos	habíamos andado
andabais	habíais andado
andaban	habían andado

Pret. perf. simple	Pret. anterior
(Pretérito)	(Antepretérito)
anduve	hube andado
anduviste	hubiste andado
anduvo	hubo andado
anduvimos	hubimos andado
anduvisteis	hubisteis andado
anduvieron	hubieron andado

Futuro	Futuro perf.
(Futuro)	(Antefuturo)
andaré	habré andado
andarás	habrás andado
andará	habrá andado
andaremos	habremos andado
andaréis	habréis andado
andarán	habrán andado

Condicional	Condicional perf.
(Pospretérito)	(Antepospretérito)
andaría	habría andado
andarías	habrías andado
andaría	habría andado
andaríamos	habríamos andado
andaríais	habríais andado
andarían	habrían andado

——— SUBJUNTIVO ———

Presente	Pret. perf.
(Presente)	(Antepresente)
ande	haya andado
andes	hayas andado
ande	haya andado
andemos	hayamos andado
andéis	hayáis andado
anden	hayan andado

Pret. imperf.	Pret. pluscuamp.
(Pretérito)	(Antepretérito)
anduviera	hubiera
o anduviese	o hubiese andado
anduvieras	hubieras
o anduvieses	o hubieses andado
anduviera	hubiera
o anduviese	o hubiese andado
anduviéramos	hubiéramos
o anduviésemos	o hubiésemos andado
anduvierais	hubierais
o anduvieseis	o hubieseis andado
anduvieran	hubieran
o anduviesen	o hubiesen andado

Futuro	Futuro perf.
(Futuro)	(Antefuturo)
anduviere	hubiere andado
anduvieres	hubieres andado
anduviere	hubiere andado
anduviéremos	hubiéremos andado
anduviereis	hubiereis andado
anduvieren	hubieren andado

IMPERATIVO ———

Presente

anda	tú
ande	él
andemos	nosotros
andad	vosotros
anden	ellos

FORMAS NO PERSONALES ———

Infinitivo	Infinitivo compuesto
andar	haber andado
Gerundio	**Gerundio compuesto**
andando	habiendo andado
Participio	
andado	

_____ **INDICATIVO** _____ | _____ **SUBJUNTIVO** _____

Presente	Pret. perf. comp.	Presente	Pret. perf.
(Presente)	(Antepresente)	(Presente)	(Antepresente)
trueco	ne trocado	trueque	haya trocado
truecas	has trocado	trueques	hayas trocado
trueca	ha trocado	trueque	haya trocado
trocamos	hemos trocado	troquemos	hayamos trocado
trocáis	habéis trocado	troquéis	hayáis trocado
truecan	han trocado	truequen	hayan trocado

Pret. imperf.	Pret. pluscuamp.	Pret. imperf.	Pret. pluscuamp.
(Copretérito)	(Antecopretérito)	(Pretérito)	(Antepretérito)
trocaba	había trocado	trocara	hubiera
trocabas	habías trocado	o trocase	o hubiese trocado
trocaba	había trocado	trocaras	hubieras
trocábamos	habíamos trocado	o trocases	o hubieses trocado
trocabais	habíais trocado	trocara	hubiera
trocaban	habían trocado	o trocase	o hubiese trocado
		trocáramos	hubiéramos
		o trocásemos	o hubiésemos trocado
		trocarais	hubierais
		o trocaseis	o hubieseis trocado
		trocaran	hubieran
		o trocasen	o hubiesen trocado

Pret. perf. simple	Pret. anterior
(Pretérito)	(Antepretérito)
troque	hube trocado
trocaste	hubiste trocado
trocó	hubo trocado
trocamos	hubimos trocado
trocasteis	bubisteis trocado
trocaron	hubieron trocado

Futuro	Futuro perf.
(Futuro)	(Antefuturo)
trocare	hubiere trocado
trocares	hubieres trocado
trocare	hubiere trocado
trocáremos	hubiéremos trocado
trocareis	hubiereis trocado
trocaren	hubieren trocado

Futuro	Futuro perf.
(Futuro)	(Antefuturo)
trocaré	habré trocado
trocarás	habrás trocado
trocará	habrá trocado
trocaremos	habremos trocado
trocaréis	habréis trocado
trocarán	habrán trocado

IMPERATIVO _____

Presente
trueca	tú
trueque	él
troquemos	nosotros
trocad	vosotros
truequen	ellos

Condicional	Condicional perf.
(Pospretérito)	(Antepospretérito)
trocaría	habría trocado
trocarías	habrías trocado
trocaría	habría trocado
trocaríamos	habríamos trocado
trocaríais	habríais trocado
trocarían	habrían trocado

FORMAS NO PERSONALES _____

Infinitivo	Infinitivo compuesto
trocar	haber trocado
Gerundio	**Gerundio compuesto**
trocando	habiendo trocado
Participio	
trocado	

61 colgar

——— INDICATIVO ———

Presente	Pret. perf. comp.
(Presente)	(Antepresente)
cuelgo	he colgado
cuelgas	has colgado
cuelga	ha colgado
colgamos	hemos colgado
colgáis	habéis colgado
cuelgan	han colgado

Pret. imperf.	Pret. pluscuamp.
(Copretérito)	(Antecopretérito)
colgaba	había colgado
colgabas	habías colgado
colgaba	había colgado
colgábamos	habíamos colgado
colgabais	habíais colgado
colgaban	habían colgado

Pret. perf. simple	Pret. anterior
(Pretérito)	(Antepretérito)
colgué	hube colgado
colgaste	hubiste colgado
colgó	hubo colgado
colgamos	hubimos colgado
colgasteis	hubisteis colgado
colgaron	hubieron colgado

Futuro	Futuro perf.
(Futuro)	(Antefuturo)
colgaré	habré colgado
colgarás	habrás colgado
colgará	habrá colgado
colgaremos	habremos colgado
colgaréis	habréis colgado
colgarán	habrán colgado

Condicional	Condicional perf.
(Pospretérito)	(Antepospretérito)
colgaría	habría colgado
colgarías	habrías colgado
colgaría	había colgado
colgaríamos	habríamos colgado
colgaríais	habríais colgado
colgarían	habrían colgado

——— SUBJUNTIVO ———

Presente	Pret. perf.
(Presente)	(Antepresente)
cuelgue	haya colgado
cuelgues	hayas colgado
cuelgue	haya colgado
colguemos	hayamos colgado
colguéis	hayáis colgado
cuelguen	hayan colgado

Pret. imperf.	Pret. pluscuamp.
(Pretérito)	(Antepretérito)
colgara	hubiera
o colgase	o hubiese colgado
colgaras	hubieras
o colgases	o hubieses colgado
colgara	hubiera
o colgase	o hubiese colgado
colgáramos	hubiéramos
o colgásemos	o hubiésemos colgado
colgarais	hubierais
o colgaseis	o hubieseis colgado
colgaran	hubieran
o colgasen	o hubiesen colgado

Futuro	Futuro perf.
(Futuro)	(Antefuturo)
colgare	hubiere colgado
colgares	hubieres colgado
colgare	hubiere colgado
colgáremos	hubiéremos colgado
colgareis	hubiereis colgado
colgaren	hubieren colgado

IMPERATIVO ———

Presente

cuelga	tú
cuelgue	él
colguemos	nosotros
colgad	vosotros
cuelguen	ellos

FORMAS NO PERSONALES ———

Infinitivo	Infinitivo compuesto
colgar	haber colgado
Gerundio	**Gerundio compuesto**
colgando	habiendo colgado
Participio	
colgado	

_____ **INDICATIVO** _____

Presente	Pret. perf. comp.
(Presente)	(Antepresente)
agüero	he agorado
agüeras	has agorado
agüera	ha agorado
agoramos	hemos agorado
agoráis	habéis agorado
agüeran	han agorado

Pret. imperf.	Pret. pluscuamp.
(Copretérito)	(Antecopretérito)
agoraba	había agorado
agorabas	habías agorado
agoraba	había agorado
agorábamos	habíamos agorado
agorabais	habíais agorado
agoraban	habían agorado

Pret. perf. simple	Pret. anterior
(Pretérito)	(Antepretérito)
agoré	hube agorado
agoraste	hubiste agorado
agoró	hubo agorado
agoramos	hubimos agorado
agorasteis	hubisteis agorado
agoraron	hubieron agorado

Futuro	Futuro perf.
(Futuro)	(Antefuturo)
agoraré	habré agorado
agorarás	habrás agorado
agorará	habrá agorado
agoraremos	habremos agorado
agoraréis	habréis agorado
agorarán	habrán agorado

Condicional	Condicional perf.
(Pospretérito)	(Antepospretérito)
agoraría	habría agorado
agorarías	habrías agorado
agoraría	habría agorado
agoraríamos	habríamos agorado
agoraríais	habríais agorado
agorarían	habrían agorado

_____ **SUBJUNTIVO** _____

Presente	Pret. perf.
(Presente)	(Antepresente)
agüere	haya agorado
agüeres	hayas agorado
agüere	haya agorado
agoremos	hayamos agorado
agoréis	hayáis agorado
agüeren	hayan agorado

Pret. imperf.	Pret. pluscuamp.
(Pretérito)	(Antepretérito)
agorara	hubiera
o agorase	o hubiese agorado
agoraras	hubieras
o agorases	o hubieses agorado
agorara	hubiera
o agorase	o hubiese agorado
agoráramos	hubiéramos
o agorásemos	o hubiésemos agorado
agorarais	hubierais
o agoraseis	o hubieseis agorado
agoraran	hubieran
o agorasen	o hubiesen agorado

Futuro	Futuro perf.
(Futuro)	(Antefuturo)
agorare	hubiere agorado
agorares	hubieres agorado
agorare	hubiere agorado
agoráremos	hubiéremos agorado
agorareis	hubiereis agorado
agoraren	hubieren agorado

IMPERATIVO _____

Presente

agüera	tú
agüere	él
agoremos	nosotros
agorad	vosotros
agüeren	ellos

FORMAS NO PERSONALES _____

Infinitivo	Infinitivo compuesto
agorar	haber agorado
Gerundio	**Gerundio compuesto**
agorando	habiendo agorado
Participio	
agorado	

63 negar

—— INDICATIVO ——

Presente	Pret. perf. comp.
(Presente)	(Antepresente)
niego	he negado
niegas	has negado
niega	ha negado
negamos	hemos negado
negáis	habéis negado
niegan	han negado

Pret. imperf.	Pret. pluscuamp.
(Copretérito)	(Antecopretérito)
negaba	había negado
negabas	habías negado
negaba	había negado
negábamos	habíamos negado
negabais	habíais negado
negaban	habían negado

Pret. perf. simple	Pret. anterior
(Pretérito)	(Antepretérito)
negué	hube negado
negaste	hubiste negado
negó	hubo negado
negamos	hubimos negado
negasteis	hubisteis negado
negaron	hubieron negado

Futuro	Futuro perf.
(Futuro)	(Antefuturo)
negaré	habré negado
negarás	habrás negado
negará	habrá negado
negaremos	habremos negado
negaréis	habréis negado
negarán	habrán negado

Condicional	Condicional perf.
(Pospretérito)	(Antepospretérito)
negaría	habría negado
negarías	habrías negado
negaría	habría negado
negaríamos	habríamos negado
negaríais	habríais negado
negarían	habrían negado

—— SUBJUNTIVO ——

Presente	Pret. perf.
(Presente)	(Antepresente)
niegue	haya negado
niegues	hayas negado
niegue	haya negado
neguemos	hayamos negado
neguéis	hayáis negado
nieguen	hayan negado

Pret. imperf.	Pret. pluscuamp.
(Pretérito)	(Antepretérito)
negara	hubiera
o negase	o hubiese negado
negaras	hubieras
o negases	o hubieses negado
negara	hubiera
o negase	o hubiese negado
negáramos	hubiéramos
o negásemos	o hubiésemos negado
negarais	hubierais
o negaseis	o hubieseis negado
negaran	hubieran
o negasen	o hubiesen negado

Futuro	Futuro perf.
(Futuro)	(Antefuturo)
negare	hubiere negado
negares	hubieres negado
negare	hubiere negado
negáremos	hubiéremos negado
negareis	hubiereis negado
negaren	hubieren negado

IMPERATIVO ——

Presente

niega	tú
niegue	él
neguemos	nosotros
negad	vosotros
nieguen	ellos

FORMAS NO PERSONALES ——

Infinitivo	Infinitivo compuesto
negar	haber negado
Gerundio	**Gerundio compuesto**
negando	habiendo negado
Participio	
negado	

comenzar 64

INDICATIVO

Presente	Pret. perf. comp.	
(Presente)	(Antepresente)	
comienzo	he	comenzado
comienzas	has	comenzado
comienza	ha	comenzado
comenzamos	hemos	comenzado
comenzáis	habéis	comenzado
comienzan	han	comenzado

Pret. imperf.	Pret. pluscuamp.	
(Copretérito)	(Antecopretérito)	
comenzaba	había	comenzado
comenzabas	habías	comenzado
comenzaba	había	comenzado
comenzábamos	habíamos	comenzado
comenzabais	habíais	comenzado
comenzaban	habían	comenzado

Pret. perf. simple	Pret. anterior	
(Pretérito)	(Antepretérito)	
comencé	hube	comenzado
comenzaste	hubiste	comenzado
comenzó	hubo	comenzado
comenzamos	hubimos	comenzado
comenzasteis	hubisteis	comenzado
comenzaron	hubieron	comenzado

Futuro	Futuro perf.	
(Futuro)	(Antefuturo)	
comenzaré	habré	comenzado
comenzarás	habrás	comenzado
comenzará	habrá	comenzado
comenzaremos	habremos	comenzado
comenzaréis	habréis	comenzado
comenzarán	habrán	comenzado

Condicional	Condicional perf.	
(Pospretérito)	(Antepospretérito)	
comenzaría	habría	comenzado
comenzarías	habrías	comenzado
comenzaría	habría	comenzado
comenzaríamos	habríamos	comenzado
comenzaríais	habríais	comenzado
comenzarían	habrían	comenzado

SUBJUNTIVO

Presente	Pret. perf.	
(Presente)	(Antepresente)	
comience	haya	comenzado
comiences	hayas	comenzado
comience	haya	comenzado
comencemos	hayamos	comenzado
comencéis	hayáis	comenzado
comiencen	hayan	comenzado

Pret. imperf.	Pret. pluscuamp.	
(Pretérito)	(Antepretérito)	
comenzara	hubiera	
o comenzase	o hubiese	comenzado
comenzaras	hubieras	
o comenzases	o hubieses	comenzado
comenzara	hubiera	
o comenzase	o hubiese	comenzado
comenzáramos	hubiéramos	
o comenzásemos	o hubiésemos	comenzado
comenzarais	hubierais	
o comenzaseis	o hubieseis	comenzado
comenzaran	hubieran	
o comenzasen	o hubiesen	comenzado

Futuro	Futuro perf.	
(Futuro)	(Antefuturo)	
comenzare	hubiere	comenzado
comenzares	hubieres	comenzado
comenzare	hubiere	comenzado
comenzáremos	hubiéremos	comenzado
comenzareis	hubiereis	comenzado
comenzaren	hubieren	comenzado

IMPERATIVO

Presente

comienza	tú
comience	él
comencemos	nosotros
comenzad	vosotros
comiencen	ellos

FORMAS NO PERSONALES

Infinitivo	Infinitivo compuesto
comenzar	haber comenzado
Gerundio	**Gerundio compuesto**
comenzando	habiendo comenzado
Participio	
comenzado	

——— INDICATIVO ———

Presente	Pret. perf. comp.
(Presente)	(Antepresente)
avergüenzo	he avergonzado
avergüenzas	has avergonzado
avergüenza	ha avergonzado
avergonzamos	hemos avergonzado
avergonzáis	habéis avergonzado
avergüenzan	han avergonzado

Pret. imperf.	Pret. pluscuamp.
(Copretérito)	(Antecopretérito)
avergonzaba	había avergonzado
avergonzabas	habías avergonzado
avergonzaba	había avergonzado
avergonzábamos	habíamos avergonzado
avergonzabais	habíais avergonzado
avergonzaban	habían avergonzado

Pret. perf. simple	Pret. anterior
(Pretérito)	(Antepretérito)
avergoncé	hube avergonzado
avergonzaste	hubiste avergonzado
avergonzó	hubo avergonzado
avergonzamos	hubimos avergonzado
avergonzasteis	hubisteis avergonzado
avergonzaron	hubieron avergonzado

Futuro	Futuro perf.
(Futuro)	(Antefuturo)
avergonzaré	habré avergonzado
avergonzarás	habrás avergonzado
avergonzará	habrá avergonzado
avergonzaremos	habremos avergonzado
avergonzaréis	habréis avergonzado
avergonzarán	habrán avergonzado

Condicional	Condicional perf.
(Pospretérito)	(Antepospretérito)
avergonzaría	habría avergonzado
avergonzarías	habrías avergonzado
avergonzaría	habría avergonzado
avergonzaríamos	habríamos avergonzado
avergonzaríais	habríais avergonzado
avergonzarían	habrían avergonzado

——— SUBJUNTIVO ———

Presente	Pret. perf.
(Presente)	(Antepresente)
avergüence	haya avergonzado
avergüences	hayas avergonzado
avergüence	haya avergonzado
avergoncemos	hayamos avergonzado
avergoncéis	hayáis avergonzado
avergüencen	hayan avergonzado

Pret. imperf.	Pret. pluscuamp.
(Pretérito)	(Antepretérito)
avergonzara	hubiera
o avergonzase	o hubiese avergonzado
avergonzaras	hubieras
o avergonzases	o hubieses avergonzado
avergonzara	hubiera
o avergonzase	o hubiese avergonzado
avergonzáramos	hubiéramos
o avergonzásemos	o hubiésemos avergonzado
avergonzarais	hubierais
o avergonzaseis	o hubieseis avergonzado
avergonzaran	hubieran
o avergonzasen	o hubiesen avergonzado

Futuro	Futuro perf.
(Futuro)	(Antefuturo)
avergonzare	hubiere avergonzado
avergonzares	hubieres avergonzado
avergonzare	hubiere avergonzado
avergonzáremos	hubiéremos avergonzado
avergonzareis	hubiereis avergonzado
avergonzaren	hubieren avergonzado

IMPERATIVO

Presente

avergüenza	tú
avergüence	él
avergoncemos	nosotros
avergonzad	vosotros
avergüencen	ellos

FORMAS NO PERSONALES

Infinitivo	Infinitivo compuesto
avergonzar	haber avergonzado
Gerundio	**Gerundio compuesto**
avergonzando	habiendo avergonzado
Participio	
avergonzado	

INDICATIVO

Presente	Pret. perf. comp.	
(Presente)	(Antepresente)	
satisfago	he	satisfecho
satisfaces	has	satisfecho
satisface	ha	satisfecho
satisfacemos	hemos	satisfecho
satisfacéis	habéis	satisfecho
satisfacen	han	satisfecho

Pret. imperf.	Pret. pluscuamp.	
(Copretérito)	(Antecopretérito)	
satisfacía	había	satisfecho
satisfacías	habías	satisfecho
satisfacía	había	satisfecho
satisfacíamos	habíamos	satisfecho
satisfacíais	habíais	satisfecho
satisfacían	habían	satisfecho

Pret. perf. simple	Pret. anterior	
(Pretérito)	(Antepretérito)	
satisfice	hube	satisfecho
satisficiste	hubiste	satisfecho
satisfizo	hubo	satisfecho
satisficimos	hubimos	satisfecho
satisficisteis	hubisteis	satisfecho
satisficieron	hubieron	satisfecho

Futuro	Futuro perf.	
(Futuro)	(Antefuturo)	
satisfaré	habré	satisfecho
satisfarás	habrás	satisfecho
satisfará	habrá	satisfecho
satisfaremos	habremos	satisfecho
satisfaréis	habréis	satisfecho
satisfarán	habrán	satisfecho

Condicional	Condicional perf.	
(Pospretérito)	(Antepospretérito)	
satisfaría	habría	satisfecho
satisfarías	habrías	satisfecho
satisfaría	habría	satisfecho
satisfaríamos	habríamos	satisfecho
satisfaríais	habríais	satisfecho
satisfarían	habrían	satisfecho

SUBJUNTIVO

Presente	Pret. perf.	
(Presente)	(Antepresente)	
satisfaga	naya	satisfecho
satisfagas	hayas	satisfecho
satisfaga	haya	satisfecho
satisfagamos	hayamos	satisfecho
satisfagáis	hayáis	satisfecho
satisfagan	hayan	satisfecho

Pret. imperf.	Pret. pluscuamp.	
(Pretérito)	(Antepretérito)	
satisficiera	hubiera	
o satisficiese	o hubiese	satisfecho
satisficieras	hubieras	
o satisficieses	o hubieses	satisfecho
satisficiera	hubiera	
o satisficiese	o hubiese	satisfecho
satisficiéramos	hubiéramos	
o satisficiésemos	o hubiésemos	satisfecho
satisficierais	hubierais	
o satisficieseis	o hubieseis	satisfecho
satisficieran	hubieran	
o satisficiesen	o hubiesen	satisfecho

Futuro	Futuro perf.	
(Futuro)	(Antefuturo)	
satisficiere	hubiere	satisfecho
satisficieres	hubieres	satisfecho
satisficiere	hubiere	satisfecho
satisficiéremos	hubiéremos	satisfecho
satisficiereis	hubiereis	satisfecho
satisficieren	hubieren	satisfecho

IMPERATIVO

Presente		
satisfaz o satisface	tú	
satisfaga	él	
satisfagamos	nosotros	
satisfaced	vosotros	
satisfagan	ellos	

FORMAS NO PERSONALES

Infinitivo	Infinitivo compuesto
satisfacer	haber satisfecho
Gerundio	Gerundio compuesto
satisfaciendo	habiendo satisfecho
Participio	
satisfecho	

——— INDICATIVO ———

Presente	Pret. perf. comp.
(Presente)	(Antepresente)
rijo	he regido
riges	has regido
rige	ha regido
regimos	hemos regido
regís	habéis regido
rigen	han regido

Pret. imperf.	Pret. pluscuamp.
(Copretérito)	(Antecopretérito)
regía	había regido
regías	habías regido
regía	había regido
regíamos	habíamos regido
regíais	habíais regido
regían	habían regido

Pret. perf. simple	Pret. anterior
(Pretérito)	(Antepretérito)
regí	hube regido
registe	hubiste regido
rigió	hubo regido
regimos	hubimos regido
registeis	hubisteis regido
rigieron	hubieron regido

Futuro	Futuro perf.
(Futuro)	(Antefuturo)
regiré	habré regido
regirás	habrás regido
regirá	habrá regido
regiremos	habremos regido
regiréis	habréis regido
regirán	habrán regido

Condicional	Condicional perf.
(Pospretérito)	(Antepospretérito)
regiría	habría regido
regirías	habrías regido
regiría	habría regido
regiríamos	habríamos regido
regiríais	habríais regido
regirían	habrían regido

——— SUBJUNTIVO ———

Presente	Pret. perf.
(Presente)	(Antepresente)
rija	haya regido
rijas	hayas regido
rija	haya regido
rijamos	hayamos regido
rijáis	hayáis regido
rijan	hayan regido

Pret. imperf.	Pret. pluscuamp.
(Pretérito)	(Antepretérito)
rigiera	hubiera
o rigiese	o hubiese regido
rigieras	hubieras
o rigieses	o hubieses regido
rigiera	hubiera
o rigiese	o hubiese regido
rigiéramos	hubiéramos
o rigiésemos	o hubiésemos regido
rigierais	hubierais
o rigieseis	o hubieseis regido
rigieran	hubieran
o rigiesen	o hubiesen regido

Futuro	Futuro perf.
(Futuro)	(Antefuturo)
rigiere	hubiere regido
rigieres	hubieres regido
rigiere	hubiere regido
rigiéremos	hubiéremos regido
rigiereis	hubiereis regido
rigieren	hubieren regido

IMPERATIVO ———

Presente

rige	tú
rija	él
rijamos	nosotros
regid	vosotros
rijan	ellos

FORMAS NO PERSONALES ———

Infinitivo	Infinitivo compuesto
regir	haber regido
Gerundio	**Gerundio compuesto**
rigiendo	habiendo regido
Participio	
regido	

INDICATIVO

Presente	Pret. perf. comp.		
(Presente)	(Antepresente)		
sigo	he	seguido	
sigues	has	seguido	
sigue	ha	seguido	
seguimos	hemos	seguido	
seguís	habéis	seguido	
siguen	han	seguido	

Pret. imperf.	Pret. pluscuamp.	
(Copretérito)	(Antecopretérito)	
seguía	había	seguido
seguías	habías	seguido
seguía	había	seguido
seguíamos	habíamos	seguido
seguíais	habíais	seguido
seguían	habían	seguido

Pret. perf. simple	Pret. anterior	
(Pretérito)	(Antepretérito)	
seguí	hube	seguido
seguiste	hubiste	seguido
siguió	hubo	seguido
seguimos	hubimos	seguido
seguisteis	hubisteis	seguido
siguieron	hubieron	seguido

Futuro	Futuro perf.	
(Futuro)	(Antefuturo)	
seguiré	habré	seguido
seguirás	habrás	seguido
seguirá	habrá	seguido
seguiremos	habremos	seguido
seguiréis	habréis	seguido
seguirán	habrán	seguido

Condicional	Condicional perf.	
(Pospretérito)	(Antepospretérito)	
seguiría	habría	seguido
seguirías	habrías	seguido
seguiría	habría	seguido
seguiríamos	habríamos	seguido
seguiríais	habríais	seguido
seguirían	habrían	seguido

SUBJUNTIVO

Presente	Pret. perf.	
(Presente)	(Antepresente)	
siga	haya	seguido
sigas	hayas	seguido
siga	haya	seguido
sigamos	hayamos	seguido
sigáis	hayáis	seguido
sigan	hayan	seguido

Pret. imperf.	Pret. pluscuamp.	
(Pretérito)	(Antepretérito)	
siguiera	hubiera	
o siguiese	o hubiese	seguido
siguieras	hubieras	
o siguieses	o hubieses	seguido
siguiera	hubiera	
o siguiese	o hubiese	seguido
siguiéramos	hubiéramos	
o siguiésemos	o hubiésemos	seguido
siguierais	hubierais	
o siguieseis	o hubieseis	seguido
siguieran	hubieran	
o siguiesen	o hubiesen	seguido

Futuro	Futuro perf.	
(Futuro)	(Antefuturo)	
siguiere	hubiere	seguido
siguieres	hubieres	seguido
siguiere	hubiere	seguido
siguiéremos	hubiéremos	seguido
siguiereis	hubiereis	seguido
siguieren	hubieren	seguido

IMPERATIVO

Presente

sigue	tú
siga	él
sigamos	nosotros
seguid	vosotros
sigan	ellos

FORMAS NO PERSONALES

Infinitivo	Infinitivo compuesto
seguir	haber seguido
Gerundio	**Gerundio compuesto**
siguiendo	habiendo seguido
Participio	
seguido	

—— INDICATIVO ——

Presente	Pret. perf. comp.
(Presente)	(Antepresente)
(no existe)	he embaído
(no existe)	has embaído
(no existe)	ha embaído
embaímos	hemos embaído
embaís	habéis embaído
(no existe)	han embaído

Pret. imperf.	Pret. pluscuamp.
(Copretérito)	(Antecopretérito)
embaía	había embaído
embaías	habías embaído
embaía	había embaído
embaíamos	habíamos embaído
embaíais	habíais embaído
embaían	habían embaído

Pret. perf. simple	Pret. anterior
(Pretérito)	(Antepretérito)
embaí	hube embaído
embaíste	hubiste embaído
embayó	hubo embaído
embaímos	hubimos embaído
embaísteis	hubisteis embaído
embayeron	hubieron embaído

Futuro	Futuro perf.
(Futuro)	(Antefuturo)
embairé	habré embaído
embairás	habrás embaído
embairá	habrá embaído
embairemos	habremos embaído
embairéis	habréis embaído
embairán	habrán embaído

Condicional	Condicional perf.
(Pospretérito)	(Antepospretérito)
embairía	habría embaído
embairías	habrías embaído
embairía	habría embaído
embairíamos	habríamos embaído
embairíais	habríais embaído
embairían	habrían embaído

—— SUBJUNTIVO ——

Presente	Pret. perf.
(Presente)	(Antepresente)
(no existe)	haya embaído
—	hayas embaído
—	haya embaído
—	hayamos embaído
—	hayáis embaído
—	hayan embaído

Pret. imperf.	Pret. pluscuamp.
(Pretérito)	(Antepretérito)
embayera	hubiera
o embayese	o hubiese embaído
embayeras	hubieras
o embayeses	o hubieses embaído
embayera	hubiera
o embayese	o hubiese embaído
embayéramos	hubiéramos
o embayésemos	o hubiésemos embaído
embayerais	hubierais
o embayeseis	o hubieseis embaído
embayeran	hubieran
o embayesen	o hubiesen embaído

Futuro	Futuro perf.
(Futuro)	(Antefuturo)
embayere	hubiere embaído
embayeres	hubieres embaído
embayere	hubiere embaído
embayéremos	hubiéremos embaído
embayereis	hubiereis embaído
embayeren	hubieren embaído

IMPERATIVO ——

Presente

embaíd   vosotros

(las demás personas no existen)

FORMAS NO PERSONALES ——

Infinitivo	Infinitivo compuesto
embaír	haber embaído
Gerundio	**Gerundio compuesto**
embayendo	habiendo embaído
Participio	
embaído	

____ INDICATIVO ____

Presente	Pret. perf. comp.
(Presente)	(Antepresente)
(no existe)	he abolido
(no existe)	has abolido
(no existe)	ha abolido
abolimos	hemos abolido
abolís	habéis abolido
(no existe)	han abolido

Pret. imperf.	Pret. pluscuamp.
(Copretérito)	(Antecopretérito)
abolía	había abolido
abolías	habías abolido
abolía	había abolido
abolíamos	habíamos abolido
abolíais	habíais abolido
abolían	habían abolido

Pret. perf. simple	Pret. anterior
(Pretérito)	(Antepretérito)
abolí	hube abolido
aboliste	hubiste abolido
abolió	hubo abolido
abolimos	hubimos abolido
abolisteis	hubisteis abolido
abolieron	hubieron abolido

Futuro	Futuro perf.
(Futuro)	(Antefuturo)
aboliré	habré abolido
abolirás	habrás abolido
abolirá	habrá abolido
aboliremos	habremos abolido
aboliréis	habréis abolido
abolirán	habrán abolido

Condicional	Condicional perf.
(Pospretérito)	(Antepospretérito)
aboliría	habría abolido
abolirías	habrías abolido
aboliría	habría abolido
aboliríamos	habríamos abolido
aboliríais	habríais abolido
abolirían	habrían abolido

____ SUBJUNTIVO ____

Presente	Pret. perf.
(Presente)	(Antepresente)
(no existe)	haya abolido
—	hayas abolido
—	haya abolido
—	hayamos abolido
—	hayáis abolido
—	hayan abolido

Pret. imperf.	Pret. pluscuamp.
(Pretérito)	(Antepretérito)
aboliera	hubiera
o aboliese	o hubiese abolido
abolieras	hubieras
o abolieses	o hubieses abolido
aboliera	hubiera
o aboliese	o hubiese abolido
aboliéramos	hubiéramos
o aboliésemos	o hubiésemos abolido
abolierais	hubierais
o abolieseis	o hubieseis abolido
abolieran	hubieran
o aboliesen	o hubiesen abolido

Futuro	Futuro perf.
(Futuro)	(Antefuturo)
aboliere	hubiere abolido
abolieres	hubieres abolido
aboliere	hubiere abolido
aboliéremos	hubiéremos abolido
aboliereis	hubiereis abolido
abolieren	hubieren abolido

IMPERATIVO ____

Presente

abolid   vosotros

(las demás personas no existen)

FORMAS NO PERSONALES ____

Infinitivo	Infinitivo compuesto
abolir	haber abolido
Gerundio	**Gerundio compuesto**
aboliendo	habiendo abolido
Participio	
abolido	

—— INDICATIVO ——

Presente	Pret. perf. comp.
(Presente)	(Antepresente)
saco	he sacado
sacas	has sacado
saca	ha sacado
sacamos	hemos sacado
sacáis	habéis sacado
sacan	han sacado

Pret. imperf.	Pret. pluscuamp.
(Copretérito)	(Antecopretérito)
sacaba	había sacado
sacabas	habías sacado
sacaba	había sacado
sacábamos	habíamos sacado
sacabais	habíais sacado
sacaban	habían sacado

Pret. perf. simple	Pret. anterior
(Pretérito)	(Antepretérito)
saqué	hube sacado
sacaste	hubiste sacado
sacó	hubo sacado
sacamos	hubimos sacado
sacasteis	hubisteis sacado
sacaron	hubieron sacado

Futuro	Futuro perf.
(Futuro)	(Antefuturo)
sacaré	habré sacado
sacarás	habrás sacado
sacará	habrá sacado
sacaremos	habremos sacado
sacaréis	habréis sacado
sacarán	habrán sacado

Condicional	Condicional perf.
(Pospretérito)	(Antepospretérito)
sacaría	habría sacado
sacarías	habrías sacado
sacaría	habría sacado
sacaríamos	habríamos sacado
sacaríais	habríais sacado
sacarían	habrían sacado

—— SUBJUNTIVO ——

Presente	Pret. perf.
(Presente)	(Antepresente)
saque	haya sacado
saques	hayas sacado
saque	haya sacado
saquemos	hayamos sacado
saquéis	hayáis sacado
saquen	hayan sacado

Pret. imperf.	Pret. pluscuamp.
(Pretérito)	(Antepretérito)
sacara	hubiera
o sacase	o hubiese sacado
sacaras	hubieras
o sacases	o hubieses sacado
sacara	hubiera
o sacase	o hubiese sacado
sacáramos	hubiéramos
o sacásemos	o hubiésemos sacado
sacarais	hubierais
o sacaseis	o hubieseis sacado
sacaran	hubieran
o sacasen	o hubiesen sacado

Futuro	Futuro perf.
(Futuro)	(Antefuturo)
sacare	hubiere sacado
sacares	hubieres sacado
sacare	hubiere sacado
sacáremos	hubiéremos sacado
sacareis	hubiereis sacado
sacaren	hubieren sacado

IMPERATIVO ——

Presente

saca	tú
saque	él
saquemos	nosotros
sacad	vosotros
saquen	ellos

FORMAS NO PERSONALES ——

Infinitivo	Infinitivo compuesto
sacar	haber sacado
Gerundio	**Gerundio compuesto**
sacando	habiendo sacado
Participio	
sacado	

—— **INDICATIVO** ——

Presente	Pret. perf. comp.
(Presente)	(Antepresente)

pago	he	pagado
pagas	has	pagado
paga	ha	pagado
pagamos	hemos	pagado
pagáis	habéis	pagado
pagan	han	pagado

Pret. imperf.	Pret. pluscuamp.
(Copretérito)	(Antecopretérito)

pagaba	había	pagado
pagabas	habías	pagado
pagaba	había	pagado
pagábamos	habíamos	pagado
pagabais	habíais	pagado
pagaban	habían	pagado

Pret. perf. simple	Pret. anterior
(Pretérito)	(Antepretérito)

pagué	hube	pagado
pagaste	hubiste	pagado
pagó	hubo	pagado
pagamos	hubimos	pagado
pagasteis	hubisteis	pagado
pagaron	hubieron	pagado

Futuro	Futuro perf.
(Futuro)	(Antefuturo)

pagaré	habré	pagado
pagarás	habrás	pagado
pagará	habrá	pagado
pagaremos	habremos	pagado
pagaréis	habréis	pagado
pagarán	habrán	pagado

Condicional	Condicional perf.
(Pospretérito)	(Antepospretérito)

pagaría	habría	pagado
pagarías	habrías	pagado
pagaría	habría	pagado
pagaríamos	habríamos	pagado
pagaríais	habríais	pagado
pagarían	habrían	pagado

—— **SUBJUNTIVO** ——

Presente	Pret. perf.
(Presente)	(Antepresente)

pague	haya	pagado
pagues	hayas	pagado
pague	haya	pagado
paguemos	hayamos	pagado
paguéis	hayáis	pagado
paguen	hayan	pagado

Pret. imperf.	Pret. pluscuamp.
(Pretérito)	(Antepretérito)

pagara	hubiera	
o pagase	o hubiese	pagado
pagaras	hubieras	
o pagases	o hubieses	pagado
pagara	hubiera	
o pagase	o hubiese	pagado
pagáramos	hubiéramos	
o pagásemos	o hubiésemos	pagado
pagarais	hubierais	
o pagaseis	o hubieseis	pagado
pagaran	hubieran	
o pagasen	o hubiesen	pagado

Futuro	Futuro perf.
(Futuro)	(Antefuturo)

pagare	hubiere	pagado
pagares	hubieres	pagado
pagare	hubiere	pagado
pagáremos	hubiéremos	pagado
pagareis	hubiereis	pagado
pagaren	hubieren	pagado

IMPERATIVO ——

Presente

paga	tú
pague	él
paguemos	nosotros
pagad	vosotros
paguen	ellos

FORMAS NO PERSONALES ——

Infinitivo	Infinitivo compuesto
pagar	haber pagado
Gerundio	**Gerundio compuesto**
pagando	habiendo pagado
Participio	
pagado	

73 cazar

INDICATIVO

Presente	Pret. perf. comp.
(Presente)	(Antepresente)
cazo	he cazado
cazas	has cazado
caza	ha cazado
cazamos	hemos cazado
cazáis	habéis cazado
cazan	han cazado

Pret. imperf.	Pret. pluscuamp.
(Copretérito)	(Antecopretérito)
cazaba	había cazado
cazabas	habías cazado
cazaba	había cazado
cazábamos	habíamos cazado
cazabais	habíais cazado
cazaban	habían cazado

Pret. perf. simple	Pret. anterior
(Pretérito)	(Antepretérito)
cacé	hube cazado
cazaste	hubiste cazado
cazó	hubo cazado
cazamos	hubimos cazado
cazasteis	hubisteis cazado
cazaron	hubieron cazado

Futuro	Futuro perf.
(Futuro)	(Antefuturo)
cazaré	habré cazado
cazarás	habrás cazado
cazará	habrá cazado
cazaremos	habremos cazado
cazaréis	habréis cazado
cazarán	habrán cazado

Condicional	Condicional perf.
(Pospretérito)	(Antepospretérito)
cazaría	habría cazado
cazarías	habrías cazado
cazaría	habría cazado
cazaríamos	habríamos cazado
cazaríais	habríais cazado
cazarían	habrían cazado

SUBJUNTIVO

Presente	Pret. perf.
(Presente)	(Antepresente)
cace	haya cazado
caces	hayas cazado
cace	haya cazado
cacemos	hayamos cazado
cacéis	hayáis cazado
cacen	hayan cazado

Pret. imperf.	Pret. pluscuamp.
(Pretérito)	(Antepretérito)
cazara	hubiera
o cazase	o hubiese cazado
cazaras	hubieras
o cazases	o hubieses cazado
cazara	hubiera
o cazase	o hubiese cazado
cazáramos	hubiéramos
o cazásemos	o hubiésemos cazado
cazarais	hubierais
o cazaseis	o hubieseis cazado
cazaran	hubieran
o cazasen	o hubiesen cazado

Futuro	Futuro perf.
(Futuro)	(Antefuturo)
cazare	hubiere cazado
cazares	hubieres cazado
cazare	hubiere cazado
cazáremos	hubiéremos cazado
cazareis	hubiereis cazado
cazaren	hubieren cazado

IMPERATIVO

Presente

caza	tú
cace	él
cacemos	nosotros
cazad	vosotros
cacen	ellos

FORMAS NO PERSONALES

Infinitivo	Infinitivo compuesto
cazar	haber cazado
Gerundio	**Gerundio compuesto**
cazando	habiendo cazado
Participio	
cazado	

INDICATIVO

Presente	Pret. perf. comp.
(Presente)	(Antepresente)
fuerzo	he forzado
fuerzas	has forzado
fuerza	ha forzado
forzamos	hemos forzado
forzáis	habéis forzado
fuerzan	han forzado

Pret. imperf.	Pret. pluscuamp.
(Copretérito)	(Antecopretérito)
forzaba	había forzado
forzabas	habías forzado
forzaba	había forzado
forzábamos	habíamos forzado
forzabais	habíais forzado
forzaban	habían forzado

Pret. perf. simple	Pret. anterior
(Pretérito)	(Antepretérito)
forcé	hube forzado
forzaste	hubiste forzado
forzó	hubo forzado
forzamos	hubimos forzado
forzasteis	hubisteis forzado
forzaron	hubieron forzado

Futuro	Futuro perf.
(Futuro)	(Antefuturo)
forzaré	habré forzado
forzarás	habrás forzado
forzará	habrá forzado
forzaremos	habremos forzado
forzaréis	habréis forzado
forzarán	habrán forzado

Condicional	Condicional perf.
(Pospretérito)	(Antepospretérito)
forzaría	habría forzado
forzarías	habrías forzado
forzaría	habría forzado
forzaríamos	habríamos forzado
forzaríais	habríais forzado
forzarían	habrían forzado

SUBJUNTIVO

Presente	Pret. perf.
(Presente)	(Antepresente)
fuerce	haya forzado
fuerces	hayas forzado
fuerce	haya forzado
forcemos	hayamos forzado
forcéis	hayáis forzado
fuercen	hayan forzado

Pret. imperf.	Pret. pluscuamp.
(Pretérito)	(Antepretérito)
forzara	hubiera
o forzase	o hubiese forzado
forzaras	hubieras
o forzases	o hubieses forzado
forzara	hubiera
o forzase	o hubiese forzado
forzáramos	hubiéramos
o forzásemos	o hubiésemos forzado
forzarais	hubierais
o forzaseis	o hubieseis forzado
forzaran	hubieran
o forzasen	o hubiesen forzado

Futuro	Futuro perf.
(Futuro)	(Antefuturo)
forzare	hubiere forzado
forzares	hubieres forzado
forzare	hubiere forzado
forzáremos	hubiéremos forzado
forzareis	hubiereis forzado
forzaren	hubieren forzado

IMPERATIVO

Presente

fuerza	tú
fuerce	él
forcemos	nosotros
forzad	vosotros
fuercen	ellos

FORMAS NO PERSONALES

Infinitivo	Infinitivo compuesto
forzar	haber forzado
Gerundio	**Gerundio compuesto**
forzando	habiendo forzado
Participio	
forzado	

75 guiar

—— INDICATIVO ——

Presente	Pret. perf. comp.
(Presente)	(Antepresente)
guío	he guiado
guías	has guiado
guía	ha guiado
guiamos	hemos guiado
guiáis	habéis guiado
guían	han guiado

Pret. imperf.	Pret. pluscuamp.
(Copretérito)	(Antecopretérito)
guiaba	había guiado
guiabas	habías guiado
guiaba	había guiado
guiábamos	habíamos guiado
guiabais	habíais guiado
guiaban	habían guiado

Pret. perf. simple	Pret. anterior
(Pretérito)	(Antepretérito)
guié	hube guiado
guiaste	hubiste guiado
guió	hubo guiado
guiamos	hubimos guiado
guiasteis	hubisteis guiado
guiaron	hubieron guiado

Futuro	Futuro perf.
(Futuro)	(Antefuturo)
guiaré	habré guiado
guiarás	habrás guiado
guiará	habrá guiado
guiaremos	habremos guiado
guiaréis	habréis guiado
guiarán	habrán guiado

Condicional	Condicional perf.
(Pospretérito)	(Antepospretérito)
guiaría	habría guiado
guiarías	habrías guiado
guiaría	habría guiado
guiaríamos	habríamos guiado
guiaríais	habríais guiado
guiarían	habrían guiado

—— SUBJUNTIVO ——

Presente	Pret. perf.
(Presente)	(Antepresente)
guíe	haya guiado
guíes	hayas guiado
guíe	haya guiado
guiemos	hayamos guiado
guiéis	hayáis guiado
guíen	hayan guiado

Pret. imperf.	Pret. pluscuamp.
(Pretérito)	(Antepretérito)
guiara	hubiera
o guiase	o hubiese guiado
guiaras	hubieras
o guiases	o hubieses guiado
guiara	hubiera
o guiase	o hubiese guiado
guiáramos	hubiéramos
o guiásemos	o hubiésemos guiado
guiarais	hubierais
o guiaseis	o hubieseis guiado
guiaran	hubieran
o guiasen	o hubiesen guiado

Futuro	Futuro perf.
(Futuro)	(Antefuturo)
guiare	hubiere guiado
guiares	hubieres guiado
guiare	hubiere guiado
guiáremos	hubiéremos guiado
guiareis	hubiereis guiado
guiaren	hubieren guiado

IMPERATIVO

Presente	
guía	tú
guíe	él
guiemos	nosotros
guiad	vosotros
guíen	ellos

FORMAS NO PERSONALES

Infinitivo	Infinitivo compuesto
guiar	haber guiado
Gerundio	Gerundio compuesto
guiando	habiendo guiado
Participio	
guiado	

___ INDICATIVO ___		___ SUBJUNTIVO ___	
Presente	**Pret. perf. comp.**	**Presente**	**Pret. perf.**
(Presente)	(Antepresente)	(Presente)	(Antepresente)
actúo	he actuado	*actúe*	haya actuado
actúas	has actuado	*actúes*	hayas actuado
actúa	ha actuado	*actúe*	haya actuado
actuamos	hemos actuado	actuemos	hayamos actuado
actuáis	habéis actuado	actuéis	hayáis actuado
actúan	han actuado	*actúen*	hayan actuado

Pret. imperf.	**Pret. pluscuamp.**	**Pret. imperf.**	**Pret. pluscuamp.**
(Copretérito)	(Antecopretérito)	(Pretérito)	(Antepretérito) .
actuaba	había actuado	actuara	hubiera
actuabas	habías actuado	o actuase	o hubiese actuado
actuaba	había actuado	actuaras	hubieras
actuábamos	habíamos actuado	o actuases	o hubieses actuado
actuabais	habíais actuado	actuara	hubiera
actuaban	habían actuado	o actuase	o hubiese actuado
		actuáramos	hubiéramos
		o actuásemos	o hubiésemos actuado
		actuarais	hubierais
		o actuaseis	o hubieseis actuado
		actuaran	hubieran
Pret. perf. simple	**Pret. anterior**	o actuasen	o hubiesen actuado
(Pretérito)	(Antepretérito)		
		Futuro	**Futuro perf.**
actué	hube actuado	(Futuro)	(Antefuturo)
actuaste	hubiste actuado		
actuó	hubo actuado	actuare	hubiere actuado
actuamos	hubimos actuado	actuares	hubieres actuado
actuasteis	hubisteis actuado	actuare	hubiere actuado
actuaron	hubieron actuado	actuáremos	hubiéremos actuado
		actuareis	hubiereis actuado
		actuaren	hubieren actuado

Futuro	**Futuro perf.**
(Futuro)	(Antefuturo)
actuaré	habré actuado
actuarás	habrás actuado
actuará	habrá actuado
actuaremos	habremos actuado
actuaréis	habréis actuado
actuarán	habrán actuado

___ IMPERATIVO ___

Presente	
actúa	tú
actúe	él
actuemos	nosotros
actuad	vosotros
actúen	ellos

Condicional	**Condicional perf.**
(Pospretérito)	(Antepospretérito)
actuaría	habría actuado
actuarías	habrías actuado
actuaría	habría actuado
actuaríamos	habríamos actuado
actuaríais	habríais actuado
actuarían	habrían actuado

FORMAS NO PERSONALES ___

Infinitivo	**Infinitivo compuesto**
actuar	haber actuado
Gerundio	**Gerundio compuesto**
actuando	habiendo actuado
Participio	
actuado	

—— INDICATIVO ——

Presente (Presente)	Pret. perf. comp. (Antepresente)	
averiguo	he	averiguado
averiguas	has	averiguado
averigua	ha	averiguado
averiguamos	hemos	averiguado
averiguáis	habéis	averiguado
averiguan	han	averiguado

Pret. imperf. (Copretérito)	Pret. pluscuamp. (Antecopretérito)	
averiguaba	había	averiguado
averiguabas	habías	averiguado
averiguaba	había	averiguado
averiguábamos	habíamos	averiguado
averiguabais	habíais	averiguado
averiguaban	habían	averiguado

Pret. perf. simp (Pretérito)	Pret. anterior (Antepretérito)	
averigüé	hube	averiguado
averiguaste	hubiste	averiguado
averiguó	hubo	averiguado
averiguamos	hubimos	averiguado
averiguasteis	hubisteis	averiguado
averiguaron	hubieron	averiguado

Futuro (Futuro)	Futuro perf. (Antefuturo)	
averiguaré	habré	averiguado
averiguarás	habrás	averiguado
averiguará	habrá	averiguado
averiguaremos	habremos	averiguado
averiguaréis	habréis	averiguado
averiguarán	habrán	averiguado

Condicional (Pospretérito)	Condicional perf. (Antepospretérito)	
averiguaría	habría	averiguado
averiguarías	habrías	averiguado
averiguaría	habría	averiguado
averiguaríamos	habríamos	averiguado
averiguaríais	habríais	averiguado
averiguarían	habrían	averiguado

—— SUBJUNTIVO ——

Presente (Presente)	Pret. perf. (Antepresente)	
averigüe	haya	averiguado
averigües	hayas	averiguado
averigüe	haya	averiguado
averigüemos	hayamos	averiguado
averigüéis	hayáis	averiguado
averigüen	hayan	averiguado

Pret. imperf. (Pretérito)	Pret. pluscuamp. (Antepretérito)	
averiguara o averiguase	hubiera o hubiese	averiguado
averiguaras o averiguases	hubieras o hubieses	averiguado
averiguara o averiguase	hubiera o hubiese	averiguado
averiguáramos o averiguásemos	hubiéramos o hubiésemos	averiguado
averiguarais o averiguaseis	hubierais o hubieseis	averiguado
averiguaran o averiguasen	hubieran o hubiesen	averiguado

Futuro (Futuro)	Futuro perf. (Antefuturo)	
averiguare	hubiere	averiguado
averiguares	hubieres	averiguado
averiguare	hubiere	averiguado
averiguáremos	hubiéremos	averiguado
averiguareis	hubiereis	averiguado
averiguaren	hubieren	averiguado

IMPERATIVO ——

Presente

averigua	tú
averigüe	él
averigüemos	nosotros
averiguad	vosotros
averigüen	ellos

FORMAS NO PERSONALES ——

Infinitivo	Infinitivo compuesto
averiguar	haber averiguado
Gerundio	**Gerundio compuesto**
averiguando	habiendo averiguado
Participio	
averiguado	

INDICATIVO		SUBJUNTIVO	
Presente	**Pret. perf. comp.**	**Presente**	**Pret. perf.**
(Presente)	(Antepresente)	(Presente)	(Antepresente)
aíro	he airado	aíre	haya airado
aíras	has airado	aíres	hayas airado
aíra	ha airado	aíre	haya airado
airamos	hemos airado	airemos	hayamos airado
airáis	habéis airado	airéis	hayáis airado
aíran	han airado	aíren	hayan airado
Pret. imperf.	**Pret. pluscuamp.**	**Pret. imperf.**	**Pret. pluscuamp.**
(Copretérito)	(Antecopretérito)	(Pretérito)	(Antepretérito)
airaba	había airado	airara	hubiera
airabas	habías airado	o airase	o hubiese airado
airaba	había airado	airaras	hubieras
airábamos	habíamos airado	o airases	o hubieses airado
airabais	habíais airado	airara	hubiera
airaban	habían airado	o airase	o hubiese airado
		airáramos	hubiéramos
		o airásemos	o hubiésemos airado
		airarais	hubierais
		o airaseis	o hubieseis airado
		airaran	hubieran
Pret. perf. simple	**Pret. anterior**	o airasen	o hubiesen airado
(Pretérito)	(Antepretérito)		
airé	hube airado	**Futuro**	**Futuro perf.**
airaste	hubiste airado	(Futuro)	(Antefuturo)
airó	hubo airado		
airamos	hubimos airado	airare	hubiere airado
airasteis	hubisteis airado	airares	hubieres airado
airaron	hubieron airado	airare	hubiere airado
		airáremos	hubiéremos airado
		airareis	hubiereis airado
Futuro	**Futuro perf.**	airaren	hubieren airado
(Futuro)	(Antefuturo)		
airaré	habré airado		
airarás	habrás airado		
airará	habrá airado		
airaremos	habremos airado		
airaréis	habréis airado		
airarán	habrán airado		

IMPERATIVO

Presente

aíra	tú
aíre	él
airemos	nosotros
airad	vosotros
aíren	ellos

Condicional	**Condicional perf.**
(Pospretérito)	(Antepospretérito)
airaría	habría airado
airarías	habrías airado
airaría	habría airado
airaríamos	habríamos airado
airaríais	habríais airado
airarían	habrían airado

FORMAS NO PERSONALES

Infinitivo	Infinitivo compuesto
airar	haber airado
Gerundio	**Gerundio compuesto**
airando	habiendo airado
Participio	
airado	

—— INDICATIVO ——

Presente (Presente)	Pret. perf. comp. (Antepresente)	
ahínco	he	ahincado
ahíncas	has	ahincado
ahínca	ha	ahincado
ahincamos	hemos	ahincado
ahincáis	habéis	ahincado
ahíncan	han	ahincado

Pret. imperf. (Copretérito)	Pret. pluscuamp. (Antecopretérito)	
ahincaba	había	ahincado
ahincabas	habías	ahincado
ahincaba	había	ahincado
ahincábamos	habíamos	ahincado
ahincabais	habíais	ahincado
ahincaban	habían	ahincado

Pret. perf. simple (Pretérito)	Pret. anterior (Antepretérito)	
ahinqué	hube	ahincado
ahincaste	hubiste	ahincado
ahincó	hubo	ahincado
ahincamos	hubimos	ahincado
ahincasteis	hubisteis	ahincado
ahincaron	hubieron	ahincado

Futuro (Futuro)	Futuro perf. (Antefuturo)	
ahincaré	habré	ahincado
ahincarás	habrás	ahincado
ahincará	habrá	ahincado
ahincaremos	habremos	ahincado
ahincaréis	habréis	ahincado
ahincarán	habrán	ahincado

Condicional (Pospretérito)	Condicional perf. (Antepospretérito)	
ahincaría	habría	ahincado
ahincarías	habrías	ahincado
ahincaría	habría	ahincado
ahincaríamos	habríamos	ahincado
ahincaríais	habríais	ahincado
ahincarían	habrían	ahincado

—— SUBJUNTIVO ——

Presente (Presente)	Pret. perf. (Antepresente)	
ahínque	haya	ahincado
ahínques	hayas	ahincado
ahínque	haya	ahincado
ahinquemos	hayamos	ahincado
ahinquéis	hayáis	ahincado
ahínquen	hayan	ahincado

Pret. imperf. (Pretérito)	Pret. pluscuamp. (Antepretérito)	
ahincara	hubiera	
o ahincase	o hubiese	ahincado
ahincaras	hubieras	
o ahincases	o hubieses	ahincado
ahincara	hubiera	
o ahincase	o hubiese	ahincado
ahincáramos	hubiéramos	
o ahincásemos	o hubiésemos	ahincado
ahincarais	hubierais	
o ahincaseis	o hubieseis	ahincado
ahincaran	hubieran	
o ahincasen	o hubiesen	ahincado

Futuro (Futuro)	Futuro perf. (Antefuturo)	
ahincare	hubiere	ahincado
ahincares	hubieres	ahincado
ahincare	hubiere	ahincado
ahincáremos	hubiéremos	ahincado
ahincareis	hubiereis	ahincado
ahincaren	hubieren	ahincado

IMPERATIVO

Presente

ahínca	tú
ahínque	él
ahinquemos	nosotros
ahincad	vosotros
ahínquen	ellos

FORMAS NO PERSONALES

Infinitivo	Infinitivo compuesto
ahincar	haber ahincado
Gerundio	**Gerundio compuesto**
ahincando	habiendo ahincado
Participio	
ahincado	

cabrahigar 80

──── INDICATIVO ────

Presente	Pret. perf. comp.	
(Presente)	(Antepresente)	
cabrahígo	he	cabrahigado
cabrahígas	has	cabrahigado
cabrahíga	ha	cabrahigado
cabrahigamos	hemos	cabrahigado
cabrahigáis	habéis	cabrahigado
cabrahígan	han	cabrahigado

Pret. imperf.	Pret. pluscuamp.	
(Copretérito)	(Antecopretérito)	
cabrahigaba	había	cabrahigado
cabrahigabas	habías	cabrahigado
cabrahigaba	había	cabrahigado
cabrahigábamos	habíamos	cabrahigado
cabrahigabais	habíais	cabrahigado
cabrahigaban	habían	cabrahigado

Pret. perf. simple	Pret. anterior	
(Pretérito)	(Antepretérito)	
cabrahigué	hube	cabrahigado
cabrahigaste	hubiste	cabrahigado
cabrahigó	hubo	cabrahigado
cabrahigamos	hubimos	cabrahigado
cabrahigasteis	hubisteis	cabrahigado
cabrahigaron	hubieron	cabrahigado

Futuro	Futuro perf.	
(Futuro)	(Antefuturo)	
cabrahigaré	habré	cabrahigado
cabrahigarás	habrás	cabrahigado
cabrahigará	habrá	cabrahigado
cabrahigaremos	habremos	cabrahigado
cabrahigaréis	habréis	cabrahigado
cabrahigarán	habrán	cabrahigado

Condicional	Condicional perf.	
(Pospretérito)	(Antepospretérito)	
cabrahigaría	habría	cabrahigado
cabrahigarías	habrías	cabrahigado
cabrahigaría	habría	cabrahigado
cabrahigaríamos	habríamos	cabrahigado
cabrahigaríais	habríais	cabrahigado
cabrahigarían	habrían	cabrahigado

──── SUBJUNTIVO ────

Presente	Pret. perf.	
(Presente)	(Antepresente)	
cabrahígue	haya	cabrahigado
cabrahígues	hayas	cabrahigado
cabrahígue	haya	cabrahigado
cabrahiguemos	hayamos	cabrahigado
cabrahiguéis	hayáis	cabrahigado
cabrahíguen	hayan	cabrahigado

Pret. imperf.	Pret. pluscuamp.	
(Pretérito)	(Antepretérito)	
cabrahigara	hubiera	
o cabrahigase	o hubiese	cabrahigado
cabrahigaras	hubieras	
o cabrahigases	o hubieses	cabrahigado
cabrahigara	hubiera	
o cabrahigase	o hubiese	cabrahigado
cabrahigáramos	hubiéramos	
o cabrahigásemos	o hubiésemos	cabrahigado
cabrahigarais	hubierais	
o cabrahigaseis	o hubieseis	cabrahigado
cabrahigaran	hubieran	
o cabrahigasen	o hubiesen	cabrahigado

Futuro	Futuro perf.	
(Futuro)	(Antefuturo)	
cabrahigare	hubiere	cabrahigado
cabrahigares	hubieres	cabrahigado
cabrahigare	hubiere	cabrahigado
cabrahigáremos	hubiéremos	cabrahigado
cabrahigareis	hubiereis	cabrahigado
cabrahigaren	hubieren	cabrahigado

IMPERATIVO ────

Presente

cabrahíga	tú
cabrahígue	él
cabrahiguemos	nosotros
cabrahigad	vosotros
cabrahíguen	ellos

FORMAS NO PERSONALES ────

Infinitivo	Infinitivo compuesto
cabrahigar	haber cabrahigado
Gerundio	**Gerundio compuesto**
cabrahigando	habiendo cabrahigado
Participio	
cabrahigado	

—— INDICATIVO ——

Presente	Pret. perf. comp.	
(Presente)	(Antepresente)	
enraízo	he	enraizado
enraízas	has	enraizado
enraíza	ha	enraizado
enraizamos	hemos	enraizado
enraizáis	habéis	enraizado
enraízan	han	enraizado

Pret. imperf.	Pret. pluscuamp.	
(Copretérito)	(Antecopretérito)	
enraizaba	había	enraizado
enraizabas	habías	enraizado
enraizaba	había	enraizado
enraizábamos	habíamos	enraizado
enraizabais	habíais	enraizado
enraizaban	habían	enraizado

Pret. perf. simple	Pret. anterior	
(Pretérito)	(Antepretérito)	
enraicé	hube	enraizado
enraizaste	hubiste	enraizado
enraizó	hubo	enraizado
enraizamos	hubimos	enraizado
enraizasteis	hubisteis	enraizado
enraizaron	hubieron	enraizado

Futuro	Futuro perf.	
(Futuro)	(Antefuturo)	
enraizaré	habré	enraizado
enraizarás	habrás	enraizado
enraizará	habrá	enraizado
enraizaremos	habremos	enraizado
enraizaréis	habréis	enraizado
enraizarán	habrán	enraizado

Condicional	Condicional perf.	
(Pospretérito)	(Antepospretérito)	
enraizaría	habría	enraizado
enraizarías	habrías	enraizado
enraizaría	habría	enraizado
enraizaríamos	habríamos	enraizado
enraizaríais	habríais	enraizado
enraizarían	habrían	enraizado

—— SUBJUNTIVO ——

Presente	Pret. perf. comp.	
(Presente)	(Antepresente)	
enraíce	haya	enraizado
enraíces	hayas	enraizado
enraíce	haya	enraizado
enraicemos	hayamos	enraizado
enraicéis	hayáis	enraizado
enraícen	hayan	enraizado

Pret. imperf.	Pret. pluscuamp.	
(Pretérito)	(Antepretérito)	
enraizara	hubiera	
o enraizase	o hubiese	enraizado
enraizaras	hubieras	
o enraizases	o hubieses	enraizado
enraizara	hubiera	
o enraizase	o hubiese	enraizado
enraizáramos	hubiéramos	
o enraizásemos	o hubiésemos	enraizado
enraizarais	hubierais	
o enraizaseis	o hubieseis	enraizado
enraizaran	hubieran	
o enraizasen	o hubiesen	enraizado

Futuro	Futuro perf.	
(Futuro)	(Antefuturo)	
enraizare	hubiere	enraizado
enraizares	hubieres	enraizado
enraizare	hubiere	enraizado
enraizáremos	hubiéremos	enraizado
enraizareis	hubiereis	enraizado
enraizaren	hubieren	enraizado

IMPERATIVO ——

Presente

enraíza	tú
enraíce	él
enraicemos	nosotros
enraizad	vosotros
enraícen	ellos

FORMAS NO PERSONALES ——

Infinitivo	Infinitivo compuesto
enraizar	haber enraizado
Gerundio	Gerundio compuesto
enraizando	habiendo enraizado
Participio	
enraizado	

_____ INDICATIVO _____

Presente	Pret. perf. comp.
(Presente)	(Antepresente)
aúllo	he aullado
aúllas	has aullado
aúlla	ha aullado
aullamos	hemos aullado
aulláis	habéis aullado
aúllan	han aullado

Pret. imperf.	Pret. pluscuamp.
(Copretérito)	(Antecopretérito)
aullaba	había aullado
aullabas	habías aullado
aullaba	había aullado
aullábamos	habíamos aullado
aullabais	habíais aullado
aullaban	habían aullado

Pret. perf. simple	Pret. anterior
(Pretérito)	(Antepretérito)
aullé	hube aullado
aullaste	hubiste aullado
aulló	hubo aullado
aullamos	hubimos aullado
aullasteis	hubisteis aullado
aullaron	hubieron aullado

Futuro	Futuro perf.
(Futuro)	(Antefuturo)
aullaré	habré aullado
aullarás	habrás aullado
aullará	habrá aullado
aullaremos	habremos aullado
aullaréis	habréis aullado
aullarán	habrán aullado

Condicional	Condicional perf.
(Pospretérito)	(Antepospretérito)
aullaría	habría aullado
aullarías	habrías aullado
aullaría	habría aullado
aullaríamos	habríamos aullado
aullaríais	habríais aullado
aullarían	habrían aullado

_____ SUBJUNTIVO _____

Presente	Pret. perf.
(Presente)	(Antepresente)
aúlle	haya aullado
aúlles	hayas aullado
aúlle	haya aullado
aullemos	hayamos aullado
aulléis	hayáis aullado
aúllen	hayan aullado

Pret. imperf.	Pret. pluscuamp.
(Pretérito)	(Antepretérito)
aullara	hubiera
o aullase	o hubiese aullado
aullaras	hubieras
o aullases	o hubieses aullado
aullara	hubiera
o aullase	o hubiese aullado
aulláramos	hubiéramos
o aullásemos	o hubiésemos aullado
aullarais	hubierais
o aullaseis	o hubieseis aullado
aullaran	hubieran
o aullasen	o hubiesen aullado

Futuro	Futuro perf.
(Futuro)	(Antefuturo)
aullare	hubiere aullado
aullares	hubieres aullado
aullare	hubiere aullado
aulláremos	hubiéremos aullado
aullareis	hubiereis aullado
aullaren	hubieren aullado

IMPERATIVO _____

Presente	
aúlla	tú
aúlle	él
aullemos	nosotros
aullad	vosotros
aúllen	ellos

FORMAS NO PERSONALES _____

Infinitivo	Infinitivo compuesto
aullar	haber aullado
Gerundio	**Gerundio compuesto**
aullando	habiendo aullado
Participio	
aullado	

INDICATIVO

Presente	Pret. perf. comp.
(Presente)	(Antepresente)
mezo	he mecido
meces	has mecido
mece	ha mecido
mecemos	hemos mecido
mecéis	habéis mecido
mecen	han mecido

Pret. imperf.	Pret. pluscuamp.
(Copretérito)	(Antecopretérito)
mecía	había mecido
mecías	habías mecido
mecía	había mecido
mecíamos	habíamos mecido
mecíais	habíais mecido
mecían	habían mecido

Pret. perf. simple	Pret. anterior
(Pretérito)	(Antepretérito)
mecí	hube mecido
meciste	hubiste mecido
meció	hubo mecido
mecimos	hubimos mecido
mecisteis	hubisteis mecido
mecieron	hubieron mecido

Futuro	Futuro perf.
(Futuro)	(Antefuturo)
meceré	habré mecido
mecerás	habrás mecido
mecerá	habrá mecido
meceremos	habremos mecido
meceréis	habréis mecido
mecerán	habrán mecido

Condicional	Condicional perf.
(Pospretérito)	(Antepospretérito)
mecería	habría mecido
mecerías	habrías mecido
mecería	habría mecido
meceríamos	habríamos mecido
meceríais	habríais mecido
mecerían	habrían mecido

SUBJUNTIVO

Presente	Pret. perf.
(Presente)	(Antepresente)
meza	haya mecido
mezas	hayas mecido
meza	haya mecido
mezamos	hayamos mecido
mezáis	hayáis mecido
mezan	hayan mecido

Pret. imperf.	Pret. pluscuamp.
(Pretérito)	(Antepretérito)
meciera	hubiera
o meciese	o hubiese mecido
mecieras	hubieras
o mecieses	o hubieses mecido
meciera	hubiera
o meciese	o hubiese mecido
meciéramos	hubiéramos
o meciésemos	o hubiésemos mecido
mecierais	hubierais
o mecieseis	o hubieseis mecido
mecieran	hubieran
o meciesen	o hubiesen mecido

Futuro	Futuro perf.
(Futuro)	(Antefuturo)
meciere	hubiere mecido
mecieres	hubieres mecido
meciere	hubiere mecido
meciéremos	hubiéremos mecido
meciereis	hubiereis mecido
mecieren	hubieren mecido

IMPERATIVO

Presente	
mece	tú
meza	él
mezamos	nosotros
meced	vosotros
mezan	ellos

FORMAS NO PERSONALES

Infinitivo	Infinitivo compuesto
mecer	haber mecido
Gerundio	**Gerundio compuesto**
meciendo	habiendo mecido
Participio	
mecido	

proteger 84

___ INDICATIVO ___

Presente	Pret. perf. comp.
(Presente)	(Antepresente)

protejo	he protegido
proteges	has protegido
protege	ha protegido
protegemos	hemos protegido
protegéis	habéis protegido
protegen	han protegido

Pret. imperf.	Pret. pluscuamp.
(Copretérito)	(Antecopretérito)

protegía	había protegido
protegías	habías protegido
protegía	había protegido
protegíamos	habíamos protegido
protegíais	habíais protegido
protegían	habían protegido

Pret. perf. simple	Pret. anterior
(Pretérito)	(Antepretérito)

protegí	hube protegido
protegiste	hubiste protegido
protegió	hubo protegido
protegimos	hubimos protegido
protegisteis	hubisteis protegido
protegieron	hubieron protegido

Futuro	Futuro perf.
(Futuro)	(Antefuturo)

protegeré	habré protegido
protegerás	habrás protegido
protegerá	habrá protegido
protegeremos	habremos protegido
protegeréis	habréis protegido
protegerán	habrán protegido

Condicional	Condicional perf.
(Pospretérito)	(Antepospretérito)

protegería	habría protegido
protegerías	habrías protegido
protegería	habría protegido
protegeríamos	habríamos protegido
protegeríais	habríais protegido
protegerían	habrían protegido

___ SUBJUNTIVO ___

Presente	Pret. perf.
(Presente)	(Antepresente)

proteja	haya protegido
protejas	hayas protegido
proteja	haya protegido
protejamos	hayamos protegido
protejáis	hayáis protegido
protejan	hayan protegido

Pret. imperf.	Pret. pluscuamp.
(Pretérito)	(Antepretérito)

protegiera	hubiera
o protegiese	o hubiese protegido
protegieras	hubieras
o protegieses	o hubieses protegido
protegiera	hubiera
o protegiese	o hubiese protegido
protegiéramos	hubiéramos
o protegiésemos	o hubiésemos protegido
protegierais	hubierais
o protegieseis	o hubieseis protegido
protegieran	hubieran
o protegiesen	o hubiesen protegido

Futuro	Futuro perf.
(Futuro)	(Antefuturo)

protegiere	hubiere protegido
protegieres	hubieres protegido
protegiere	hubiere protegido
protegiéremos	hubiéremos protegido
protegiereis	hubiereis protegido
protegieren	hubieren protegido

IMPERATIVO ___

Presente

protege	tú
proteja	él
protejamos	nosotros
proteged	vosotros
protejan	ellos

FORMAS NO PERSONALES ___

Infinitivo	Infinitivo compuesto
proteger	haber protegido
Gerundio	Gerundio compuesto
protegiendo	habiendo protegido
Participio	
protegido	

INDICATIVO

Presente (Presente)	Pret. pèrf. comp. (Antepresente)	
zurzo	he	zurcido
zurces	has	zurcido
zurce	ha	zurcido
zurcimos	hemos	zurcido
zurcís	habéis	zurcido
zurcen	han	zurcido

Pret. imperf. (Copretérito)	Pret. pluscuamp. (Antecopretérito)	
zurcía	había	zurcido
zurcías	habías	zurcido
zurcía	había	zurcido
zurcíamos	habíamos	zurcido
zurcíais	habíais	zurcido
zurcían	habían	zurcido

Pret. perf. simple (Pretérito)	Pret. anterior (Antepretérito)	
zurcí	hube	zurcido
zurciste	hubiste	zurcido
zurció	hubo	zurcido
zurcimos	hubimos	zurcido
zurcisteis	hubisteis	zurcido
zurcieron	hubieron	zurcido

Futuro (Futuro)	Futuro perf. (Antefuturo)	
zurciré	habré	zurcido
zurcirás	habrás	zurcido
zurcirá	habrá	zurcido
zurciremos	habremos	zurcido
zurciréis	habréis	zurcido
zurcirán	habrán	zurcido

Condicional (Pospretérito)	Condicional perf. (Antepospretérito)	
zurciría	habría	zurcido
zurcirías	habrías	zurcido
zurciría	habría	zurcido
zurciríamos	habríamos	zurcido
zurciríais	habríais	zurcido
zurcirían	habrían	zurcido

SUBJUNTIVO

Presente (Presente)	Pret. perf. (Antepresente)	
zurza	haya	zurcido
zurzas	hayas	zurcido
zurza	haya	zurcido
zurzamos	hayamos	zurcido
zurzáis	hayáis	zurcido
zurzan	hayan	zurcido

Pret. imperf. (Pretérito)	Pret. pluscuamp. (Antepretérito)	
zurciera	hubiera	
o zurciese	o hubiese	zurcido
zurcieras	hubieras	
o zurcieses	o hubieses	zurcido
zurciera	hubiera	
o zurciese	o hubiese	zurcido
zurciéramos	hubiéramos	
o zurciésemos	o hubiésemos	zurcido
zurcierais	hubierais	
o zurcieseis	o hubieseis	zurcido
zurcieran	hubieran	
o zurciesen	o hubiesen	zurcido

Futuro (Futuro)	Futuro perf. (Antefuturo)	
zurciere	hubiere	zurcido
zurcieres	hubieres	zurcido
zurciere	hubiere	zurcido
zurciéremos	hubiéremos	zurcido
zurciereis	hubiereis	zurcido
zurcieren	hubieren	zurcido

IMPERATIVO

Presente	
zurce	tú
zurza	él
zurzamos	nosotros
zurcid	vosotros
zurzan	ellos

FORMAS NO PERSONALES

Infinitivo	Infinitivo compuesto
zurcir	haber zurcido
Gerundio	Gerundio compuesto
zurciendo	habiendo zurcido
Participio	
zurcido	

_____ **INDICATIVO** _____

Presente	**Pret. perf. comp.**
(Presente)	(Antepresente)
dirijo	he dirigido
diriges	has dirigido
dirige	ha dirigido
dirigimos	hemos dirigido
dirigís	habéis dirigido
dirigen	han dirigido

Pret. imperf.	**Pret. pluscuamp.**
(Copretérito)	(Antecopretérito)
dirigía	había dirigido
dirigías	habías dirigido
dirigía	había dirigido
dirigíamos	habíamos dirigido
dirigíais	habíais dirigido
dirigían	habían dirigido

Pret. perf. simple	**Pret. anterior**
(Pretérito)	(Antepretérito)
dirigí	hube dirigido
dirigiste	hubiste dirigido
dirigió	hubo dirigido
dirigimos	hubimos dirigido
dirigisteis	hubisteis dirigido
dirigieron	hubieron dirigido

Futuro	**Futuro perf.**
(Futuro)	(Antefuturo)
dirigiré	habré dirigido
dirigirás	habrás dirigido
dirigirá	habrá dirigido
dirigiremos	habremos dirigido
dirigiréis	habréis dirigido
dirigirán	habrán dirigido

Condicional	**Condicional perf.**
(Pospretérito)	(Antepospretérito)
dirigiría	habría dirigido
dirigirías	habrías dirigido
dirigiría	habría dirigido
dirigiríamos	habríamos dirigido
dirigiríais	habríais dirigido
dirigirían	habrían dirigido

_____ **SUBJUNTIVO** _____

Presente	**Pret. perf.**
(Presente)	(Antepresente)
dirija	haya dirigido
dirijas	hayas dirigido
dirija	haya dirigido
dirijamos	hayamos dirigido
dirijáis	hayáis dirigido
dirijan	hayan dirigido

Pret. imperf.	**Pret. pluscuamp.**
(Pretérito)	(Antepretérito)
dirigiera	hubiera
o dirigiese	o hubiese dirigido
dirigieras	hubieras
o dirigieses	o hubieses dirigido
dirigiera	hubiera
o dirigiese	o hubiese dirigido
dirigiéramos	hubiéramos
o dirigiésemos	o hubiésemos dirigido
dirigierais	hubierais
o dirigieseis	o hubieseis dirigido
dirigieran	hubieran
o dirigiesen	o hubiesen dirigido

Futuro	**Futuro perf.**
(Futuro)	(Antefuturo)
dirigiere	hubiere dirigido
dirigieres	hubieres dirigido
dirigiere	hubiere dirigido
dirigiéremos	hubiéremos dirigido
dirigiereis	hubiereis dirigido
dirigieren	hubieren dirigido

_____ **IMPERATIVO** _____

Presente

dirige	tú
dirija	él
dirijamos	nosotros
dirigid	vosotros
dirijan	ellos

FORMAS NO PERSONALES _____

Infinitivo	**Infinitivo compuesto**
dirigir	haber dirigido
Gerundio	**Gerundio compuesto**
dirigiendo	habiendo dirigido
Participio	
dirigido	

87 distinguir

—— INDICATIVO ——

Presente	Pret. perf. comp.	
(Presente)	(Antepresente)	
distingo	he	distinguido
distingues	has	distinguido
distingue	ha	distinguido
distinguimos	hemos	distinguido
distinguís	habéis	distinguido
distinguen	han	distinguido

Pret. imperf.	Pret. pluscuamp.	
(Copretérito)	(Antecopretérito)	
distinguía	había	distinguido
distinguías	habías	distinguido
distinguía	había	distinguido
distinguíamos	habíamos	distinguido
distinguíais	habíais	distinguido
distinguían	habían	distinguido

Pret. perf. simple	Pret. anterior	
(Pretérito)	(Antepretérito)	
distinguí	hube	distinguido
distinguiste	hubiste	distinguido
distinguió	hubo	distinguido
distinguimos	hubimos	distinguido
distinguisteis	hubisteis	distinguido
distinguieron	hubieron	distinguido

Futuro	Futuro perf.	
(Futuro)	(Antefuturo)	
distinguiré	habré	distinguido
distinguirás	habrás	distinguido
distinguirá	habrá	distinguido
distinguiremos	habremos	distinguido
distinguiréis	habréis	distinguido
distinguirán	habrán	distinguido

Condicional	Condicional perf.	
(Pospretérito)	(Antepospretérito)	
distinguiría	habría	distinguido
distinguirías	habrías	distinguido
distinguiría	habría	distinguido
distinguiríamos	habríamos	distinguido
distinguiríais	habríais	distinguido
distinguirían	habrían	distinguido

—— SUBJUNTIVO ——

Presente	Pret. perf.	
(Presente)	(Antepresente)	
distinga	haya	distinguido
distingas	hayas	distinguido
distinga	haya	distinguido
distingamos	hayamos	distinguido
distingáis	hayáis	distinguido
distingan	hayan	distinguido

Pret. imperf.	Pret. pluscuamp.	
(Pretérito)	(Antepretérito)	
distinguiera	hubiera	
o distinguiese	o hubiese	distinguido
distinguieras	hubieras	
o distinguieses	o hubieses	distinguido
distinguiera	hubiera	
o distinguiese	o hubiese	distinguido
distinguiéramos	hubiéramos	
o distinguiésemos	o hubiésemos	distinguido
distinguierais	hubierais	
o distinguieseis	o hubieseis	distinguido
distinguieran	hubieran	
o distinguiesen	o hubiesen	distinguido

Futuro	Futuro perf.	
(Futuro)	(Antefuturo)	
distinguiere	hubiere	distinguido
distinguieres	hubieres	distinguido
distinguiere	hubiere	distinguido
distinguiéremos	hubiéremos	distinguido
distinguiereis	hubiereis	distinguido
distinguieren	hubieren	distinguido

IMPERATIVO ——

Presente

distingue	tú
distinga	él
distingamos	nosotros
distinguid	vosotros
distingan	ellos

FORMAS NO PERSONALES ——

Infinitivo	Infinitivo compuesto
distinguir	haber distinguido
Gerundio	**Gerundio compuesto**
distinguiendo	habiendo distinguido
Participio	
distinguido	

―――― **INDICATIVO** ―――― | ―――― **SUBJUNTIVO** ――――

Presente	Pret. perf. comp.	Presente	Pret. perf.
(Presente)	(Antepresente)	(Presente)	(Antepresente)
delinco	he delinquido	delinca	haya delinquido
delinques	has delinquido	delincas	hayas delinquido
delinque	ha delinquido	delinca	haya delinquido
delinquimos	hemos delinquido	delincamos	hayamos delinquido
delinquís	habéis delinquido	delincáis	hayáis delinquido
delinquen	han delinquido	delincan	hayan delinquido

Pret. imperf.	Pret. pluscuamp.	Pret. imperf.	Pret. pluscuamp.
(Copretérito)	(Antecopretérito)	(Pretérito)	(Antepretérito)
delinquía	había delinquido	delinquiera	hubiera
delinquías	habías delinquido	o delinquiese	o hubiese delinquido
delinquía	había delinquido	delinquieras	hubieras
delinquíamos	habíamos delinquido	o delinquieses	o hubieses delinquido
delinquíais	habíais delinquido	delinquiera	hubiera
delinquían	habían delinquido	o delinquiese	o hubiese delinquido
		delinquiéramos	hubiéramos
		o delinquiésemos	o hubiésemos delinquido
		delinquierais	hubierais
		o delinquieseis	o hubieseis delinquido
		delinquieran	hubieran
		o delinquiesen	o hubiesen delinquido

Pret. perf. simple	Pret. anterior
(Pretérito)	(Antepretérito)
delinquí	hube delinquido
delinquiste	hubiste delinquido
delinquió	hubo delinquido
delinquimos	hubimos delinquido
delinquisteis	hubisteis delinquido
delinquieron	hubieron delinquido

Futuro	Futuro perf.
(Futuro)	(Antefuturo)
delinquiere	hubiere delinquido
delinquieres	hubieres delinquido
delinquiere	hubiere delinquido
delinquiéremos	hubiéremos delinquido
delinquiereis	hubiereis delinquido
delinquieren	hubieren delinquido

Futuro	Futuro perf.
(Futuro)	(Antefuturo)
delinquiré	habré delinquido
delinquirás	habrás delinquido
delinquirá	habrá delinquido
delinquiremos	habremos delinquido
delinquiréis	habréis delinquido
delinquirán	habrán delinquido

IMPERATIVO

Presente

delinque	tú
delinca	él
delincamos	nosotros
delinquid	vosotros
delincan	ellos

Condicional	Condicional perf.
(Pospretérito)	(Antepospretérito)
delinquiría	habría delinquido
delinquirías	habrías delinquido
delinquiría	habría delinquido
delinquiríamos	habríamos delinquido
delinquiríais	habríais delinquido
delinquirían	habrían delinquido

FORMAS NO PERSONALES

Infinitivo	Infinitivo compuesto
delinquir	haber delinquido
Gerundio	Gerundio compuesto
delinquiendo	habiendo delinquido
Participio	
delinquido	

INDICATIVO

Presente (Presente)	Pret. perf. comp. (Antepresente)	
prohíbo	he	prohibido
prohíbes	has	prohibido
prohíbe	ha	prohibido
prohibimos	hemos	prohibido
prohibís	habéis	prohibido
prohíben	han	prohibido

Pret. imperf. (Copretérito)	Pret. pluscuamp. (Antecopretérito)	
prohibía	había	prohibido
prohibías	habías	prohibido
prohibía	había	prohibido
prohibíamos	habíamos	prohibido
prohibíais	habíais	prohibido
prohibían	habían	prohibido

Pret. perf. simple (Pretérito)	Pret. anterior (Antepretérito)	
prohibí	hube	prohibido
prohibiste	hubiste	prohibido
prohibió	hubo	prohibido
prohibimos	hubimos	prohibido
prohibisteis	hubisteis	prohibido
prohibieron	hubieron	prohibido

Futuro (Futuro)	Futuro perf. (Antefuturo)	
prohibiré	habré	prohibido
prohibirás	habrás	prohibido
prohibirá	habrá	prohibido
prohibiremos	habremos	prohibido
prohibiréis	habréis	prohibido
prohibirán	habrán	prohibido

Condicional (Pospretérito)	Condicional perf. (Antepospretérito)	
prohibiría	habría	prohibido
prohibirías	habrías	prohibido
prohibiría	habría	prohibido
prohibiríamos	habríamos	prohibido
prohibiríais	habríais	prohibido
prohibirían	habrían	prohibido

SUBJUNTIVO

Presente (Presente)	Pret. perf. (Antepresente)	
prohíba	haya	prohibido
prohíbas	hayas	prohibido
prohíba	haya	prohibido
prohibamos	hayamos	prohibido
prohibáis	hayáis	prohibido
prohíban	hayan	prohibido

Pret. imperf. (Pretérito)	Pret. pluscuamp. (Antepretérito)	
prohibiera o prohibiese	hubiera o hubiese	prohibido
prohibieras o prohibieses	hubieras o hubieses	prohibido
prohibiera o prohibiese	hubiera o hubiese	prohibido
prohibiéramos o prohibiésemos	hubiéramos o hubiésemos	prohibido
prohibierais o prohibieseis	hubierais o hubieseis	prohibido
prohibieran o prohibiesen	hubieran o hubiesen	prohibido

Futuro (Futuro)	Futuro perf. (Antefuturo)	
prohibiere	hubiere	prohibido
prohibieres	hubieres	prohibido
prohibiere	hubiere	prohibido
prohibiéremos	hubiéremos	prohibido
prohibiereis	hubiereis	prohibido
prohibieren	hubieren	prohibido

IMPERATIVO

Presente

prohíbe	tú
prohíba	él
prohibamos	nosotros
prohibid	vosotros
prohíban	ellos

FORMAS NO PERSONALES

Infinitivo	Infinitivo compuesto
prohibir	haber prohibido
Gerundio	**Gerundio compuesto**
prohibiendo	habiendo prohibido
Participio	
prohibido	

reunir 90

INDICATIVO

Presente	Pret. perf. comp.
(Presente)	(Antepresente)
reúno	he reunido
reúnes	has reunido
reúne	ha reunido
reunimos	hemos reunido
reunís	habéis reunido
reúnen	han reunido

Pret. imperf.	Pret. pluscuamp.
(Copretérito)	(Antecopretérito)
reunía	había reunido
reunías	habías reunido
reunía	había reunido
reuníamos	habíamos reunido
reuníais	habíais reunido
reunían	habían reunido

Pret. perf. simple	Pret. anterior
(Pretérito)	(Antepretérito)
reuní	hube reunido
reuniste	hubiste reunido
reunió	hubo reunido
reunimos	hubimos reunido
reunisteis	hubisteis reunido
reunieron	hubieron reunido

Futuro	Futuro perf.
(Futuro)	(Antefuturo)
reuniré	habré reunido
reunirás	habrás reunido
reunirá	habrá reunido
reuniremos	habremos reunido
reuniréis	habréis reunido
reunirán	habrán reunido

Condicional	Condicional perf.
(Pospretérito)	(Antepospretérito)
reuniría	habría reunido
reunirías	habrías reunido
reuniría	habría reunido
reuniríamos	habríamos reunido
reuniríais	habríais reunido
reunirían	habrían reunido

SUBJUNTIVO

Presente	Pret. perf.
(Presente)	(Antepresente)
reúna	haya reunido
reúnas	hayas reunido
reúna	haya reunido
reunamos	hayamos reunido
reunáis	hayáis reunido
reúnan	hayan reunido

Pret. imperf.	Pret. pluscuamp.
(Pretérito)	(Antepretérito)
reuniera	hubiera
o reuniese	o hubiese reunido
reunieras	hubieras
o reunieses	o hubieses reunido
reuniera	hubiera
o reuniese	o hubiese reunido
reuniéramos	hubiéramos
o reuniésemos	o hubiésemos reunido
reunierais	hubierais
o reunieseis	o hubieseis reunido
reunieran	hubieran
o reuniesen	o hubiesen reunido

Futuro	Futuro perf.
(Futuro)	(Antefuturo)
reuniere	hubiere reunido
reunieres	hubieres reunido
reuniere	hubiere reunido
reuniéremos	hubiéremos reunido
reuniereis	hubiereis reunido
reunieren	hubieren reunido

IMPERATIVO

Presente

reúne	tú
reúna	él
reunamos	nosotros
reunid	vosotros
reúnan	ellos

FORMAS NO PERSONALES

Infinitivo	Infinitivo compuesto
reunir	haber reunido
Gerundio	**Gerundio compuesto**
reuniendo	habiendo reunido
Participio	
reunido	

Índice alfabético de verbos

(los números indican los cuadros de conjugación del modelo)

Se utilizan las siguientes abreviaturas :
[defect.] = verbo defectivo
[unipers.] = verbo unipersonal
[part. irreg.] = participio irregular
[dos part.] = dos participios

En los apéndices al final del libro aparecen listas alfabéticas de los verbos con algunas de estas características.

a

abrevar	3	acanastillar	3	aciberar	3
abreviar	3	acancerarse	3	acicalar	3
abribonarse	3	acanchar	3	acicatear	3
abrigar	72	acandilar	3	acidificar	71
abrillantar	3	acantarar	3	acidular	3
abriolar	3	acantilar	3	aciguatar	3
abrir [part. irreg.]	5	acantoñar	3	acincelar	3
abrocalar	3	acanutar	3	acingar	72
abrochar	3	acanutillar	3	aclamar	3
abrogar	72	acaparar	3	aclarar	3
abromar	3	acaparrarse	3	aclarecer	35
abroncar	71	acapullarse	3	aclavelarse	3
abroquelar	3	acaracolarse	3	aclimatar	3
abrumar	3	acaramelar	3	aclocar	60
abrutar	3	acardenalar	3	acobardar	3
absolver	21	acarear	3	acocarse	71
absorber [dos part.]	4	acariciar	3	acocear	3
abstenerse	15	acarminar	3	acocotar	3
absterger	84	acarnerar	3	acochambrar	3
abstraer [dos part.]	51	acarralarse	3	acocharse	3
abuchear	3	acarrear	3	acochinar	3
abultar	3	acarroñarse	3	acodalar	3
abundar	3	acartonar	3	acodar	3
abuñolar	19	acasamatar	3	acoderar	3
abuñuelar	3	acaserarse	3	acodiciar	3
aburguesarse	3	acatar	3	acodillar	3
aburilar	3	acatarrar	3	acoger	84
aburrarse	3	acatastrar	3	acogollar	3
aburrir	5	acaudalar	3	acogotar	3
abusar	3	acaudillar	3	acohombrar	3
acaballar	3	acceder	4	acojinar	3
acaballerar	3	accidentalizar	73	acojonar	3
acaballonar	3	accidentar	3	acolar	3
acabañar	3	accionar	3	acolchar	3
acabar	3	acebollarse	3	acolchonar	3
acabestrarse	3	acecinar	3	acolgajar	3
acabestrillar	3	acechar	3	acolitar	3
acabildar	3	acedar	3	acollar	19
acachetar	3	aceitar	3	acollarar	3
acachetear	3	acelerar	3	acollonar	3
academizar	73	acendrar	3	acombar	3
acadenillar	3	acenefar	3	acomedir	6
acaecer [defect.]	35	acensuar	76	acometer	4
acalabazarse	73	acentuar	76	acomodar	3
acalabrotar	3	acepar	3	acompañar	3
acalambrarse	3	acepillar	3	acompasar	3
acalandrar	3	aceptar	3	acomplejar	3
acalenturarse	3	acequiar	3	acomunar	3
acalorar	3	acerar	3	aconchabarse	3
acallar	3	acercar	71	aconchar	3
acamalar	3	acerrar	11	acondicionar	3
acamaleonarse	3	acerrojar	3	acongojar	3
acamar	3	acertar	11	aconsejar	3
acamastronarse	3	acervar	3	aconsonantar	3
acamellonar	3	acestonar	3	acontecer [defect.]	35
acampanar	3	acetificar	71	acopar	3
acampar	3	acetrinar	3	acopejar	3
acanalar	3	acezar	73	acopetar	3
acanallar	3	acibarar	3	acopiar	3

118

arquear	3	arrojar	3	asnear	3
arquetar	3	arrollar	3	asobinarse	3
arrabiatar	3	arromadizarse	73	asociar	3
arracimarse	3	arromanzar	73	asolanar	3
arraigar	72	arronzar	73	asolapar	3
arraizar	81	arropar	3	asolar (poner al sol)	3
arralar	3	arroscar	71	asolar (arrasar)	19
arramblar	3	arrostrar	3	asoldar	19
arrancar	71	arroyar	3	asolear	3
arranciarse	3	arruar	3	asomar	3
arranchar	3	arruchar	3	asombrar	3
arranyar	3	arrufar	3	asonantar	3
arrasar	3	arrufianarse	3	asonar	19
arrastrar	3	arrugar	72	asoporarse	3
arrear	3	arruinar	3	asordar	3
arrebañar	3	arrullar	3	asorocharse	3
arrebatar	3	arrumar	3	aspar	3
arrebolar	3	arrumazar	73	aspaventar	11
arrebozar	73	arrumbar	3	aspear	3
arrebujar	3	arruncharse	3	asperezar	73
arreciar	3	arrunflar	3	asperger	84
arrecirse [defect.]	70	arrunzar	73	asperjar	3
arrechoncharse	3	artesonar	3	asperonar	3
arrechuchar	3	articular	3	aspillear	3
arredrar	3	artillar	3	aspirar	3
arregazar	73	asaetear	3	asquear	3
arreglar	3	asainetear	3	astillar	3
arregostarse	3	asalariar	3	astreñir	8
arrejacar	71	asaltar	3	astringir	86
arrejerar	3	asar	3	astriñir	9
arrejuntar	3	ascender	13	asumir	5
arrellanarse	3	asear	3	asustar	3
arremangar	72	asechar	3	atabalear	3
arremansar	3	asedar	3	atablar	3
arremeter	4	asediar	3	atacar	71
arremolinar	3	aseglararse	3	atafagar	72
arrempujar	3	asegundar	3	atagallar	3
arrendar	11	asegurar	3	atairar	3
arrepentirse	27	asemejar	3	atajar	3
arrepollar	3	asenderear	3	atalantar	3
arrequintar	3	asentar	11	atalayar	3
arrestar	3	asentir	27	ataludar	3
arriar	75	aserrar	11	atañer [defect.]	7
arribar	3	asesar	3	atapuzar	73
arriesgar	72	asesinar	3	atar	3
arrimar	3	asesorar	3	atarazar	73
arrinconar	3	asestar	3	atardecer [unipers.]	35
arriostrar	3	aseverar	3	atarear	3
arriscar	71	asfaltar	3	atarquinar	3
arrizar	73	asfixiar	3	atarragar	72
arrobar	3	asibilar	3	atarrajar	3
arrocinar	3	asignar	3	atarrayar	3
arrochelarse	3	asiguatarse	3	atarugar	72
arrodajarse	3	asilar	3	atasajar	3
arrodear	3	asilenciar	3	atascar	71
arrodillar	3	asimilar	3	ataviar	75
arrodrigar	72	asimplarse	3	atediar	3
arrodrigonar	3	asir	41	atemorizar	73
arrogarse	72	asistir	5	atemperar	3

125

gamonear	3	gloriar	75	guachapear	3
ganar	3	glorificar	71	guachaquear	3
gandujar	3	glosar	3	guachaquiar	3
gandulear	3	glotonear	3	guachificarse	71
gangosear	3	gobernar	11	guachinear	3
gangrenarse	3	gofrar	3	guadañar	3
ganguear	3	golear	3	guaguatear	3
gansear	3	golfear	3	guaiquear	3
gañir	9	golosear	3	guajear	3
gañotear	3	golosinar	3	gualambear	3
gapalear	3	golosinear	3	gualdrapear	3
garabatear	3	golpear	3	guanaquear	3
garafatear	3	golpetear	3	guanear	3
garantir [defect.]	70	golletear	3	guanguear	3
garantizar	73	gomar	3	guantear	3
garapiñar	3	gongorizar	73	guañir	9
garbear	3	gorbetear	3	guapear	3
garfear	3	gorgojarse	3	guaquear	3
gargajear	3	gorgojearse	3	guarachear	3
gargantear	3	gorgorear	3	guaranguear	3
gargarear	3	gorgoritear	3	guarapear	3
gargarizar	73	gorjear	3	guaraquear	3
garlar	3	gorrear	3	guardar	3
garrafiñar	3	gorronear	3	guarear	3
garrapatear	3	gotear	3	guarecer	35
garrapiñar	3	gozar	73	guaricarse	71
garrar	3	grabar	3	guarnecer	35
garrochar	3	gracejar	3	guarnicionar	3
garrochear	3	gradar	3	guarnir [defect.]	70
garrotear	3	graduar	76	guasapear	3
garrulear	3	grajear	3	guaschar	3
garuar [unipers.]	76	gramatiquear	3	guasear	3
garufear	3	granar	3	guasquear	3
gasear	3	granear	3	guastar	3
gasificar	71	granelar	3	guataquear	3
gastar	3	granizar [unipers.]	73	guatear	3
gatear	3	granjear	3	guatequear	3
gauchar	3	granular	3	guayabear	3
gauchear	3	grapar	3	guayar	3
gayar	3	gratar	3	guayuquear	3
gazmiar	3	gratificar	71	guazquear	3
gelatinificar	71	gratular	3	guerrear	3
gemiquear	3	gravar	3	guerrillear	3
gemir	6	gravear	3	guiar	75
generalizar	73	gravitar	3	guillarse	3
generar	3	graznar	3	guillotinar	3
germanizar	73	grecizar	73	güinchar	3
germinar	3	grietarse	3	guindar	3
gestar	3	grietearse	3	guiñar	3
gestear	3	grifarse	3	guiñear	3
gesticular	3	grillarse	3	guipar	3
gestionar	3	gritar	3	güisachear	3
gibar	3	gruir	44	guisar	3
gilipollear	3	grujir	5	guisinguear	3
gimotear	3	gruñir	9	guisotear	3
girar	3	guabinear	3	güisquilar	3
gitanear	3	guacalear	3	guitarrear	3
glasear	3	guacamolear	3	guitonear	3
glicerinar	3	guachachear	3	gulusmear	3

149

155

pobletear	3	precisar	3	pretensar	3
podar	3	precitar	3	preterir [defect.]	70
poder	26	precocinar	3	pretextar	3
podrecer	35	preconcebir	6	prevalecer	35
podrir	31	preconizar	73	prevaler	43
poetizar	73	preconocer	37	prevaricar	71
polarizar	73	predecir	47	prevenir	18
polemizar	73	predefinir	5	prever	55
polimerizar	73	predestinar	3	primar	3
polinizar	73	predeterminar	3	primorear	3
polir [defect.]	70	predicar	71	principiar	3
politiquear	3	predisponer	16	pringar	72
politizar	73	predominar	3	priscar	71
pololear	3	preelegir [dos part.]	67	privar	3
poltronear	3	preexistir	5	privatizar	73
polvear	3	prefabricar	71	privilegiar	3
polvificar	71	preferir	27	probar	19
polvorear	3	prefigurar	3	proceder	4
pollear	3	prefijar	3	procesar	3
pompear	3	prefinanciar	3	proclamar	3
pomponearse	3	prefinir	5	procrear	3
ponchar	3	pregonar	3	procurar	3
ponderar	3	preguntar	3	prodigar	72
poner	16	prejuzgar	72	producir	39
pontificar	71	prelucir	38	proejar	3
popularizar	73	preludiar	3	profanar	3
pordiosear	3	premeditar	3	proferir	27
porfiar	75	premiar	3	profesar	3
pormenorizar	73	premorir [part. irreg.]	29	profesionalizar	73
porrear	3	premostrar	19	profetizar	73
portar	3	premunir	5	profundizar	73
portear	3	prendar	3	programar	3
posar	3	prender [dos part.]	4	progresar	3
posdatar	3	prenotar	3	prohibir	89
poseer [dos part.]	54	prensar	3	prohijar	78
posesionar	3	prenunciar	3	proletarizar	73
posibilitar	3	preñar	3	proliferar	3
positivar	3	preocupar	3	prologar	72
posponer	16	preparar	3	prolongar	72
postdatar	3	preponderar	3	promediar	3
postergar	72	preponer	16	prometer	4
postrar	3	presagiar	3	promiscuar	76
postsincronizar	73	prescindir	5	promocionar	3
postular	3	prescribir [part. irreg.]	5	promover	25
potabilizar	73	preseleccionar	3	promulgar	72
potenciar	3	presenciar	3	pronosticar	71
potrear	3	presentar	3	pronunciar	3
practicar	71	presentir	27	propagar	72
preadaptar	3	preservar	3	propalar	3
prebendar	3	presidir	5	propasar	3
precalentar	11	presionar	3	propender [dos part.]	4
precaucionarse	3	prestar	3	propiciar	3
precautelar	3	prestidigitar	3	propinar	3
precaver	4	prestigiar	3	proponer	16
preceder	4	presumir [dos part.]	5	proporcionar	3
preceptuar	76	presuponer	16	propugnar	3
preciar	3	presupuestar	3	propulsar	3
precintar	3	presurizar	73	prorratear	3
precipitar	3	pretender [dos part.]	4	prorrogar	72

159

163

166

APÉNDICES

I Lista de verbos defectivos

USO

ABARSE	formas no personales. imperativo : 2ª pers. sing. y pl.
ABOLIR	formas no personales. indicativo : todos los tiempos simples y compuestos, pero del presente sólo las 1ª y 2ª pers. pl. subjuntivo : pret. imperf., pret. pluscuamp., futuro y futuro perfecto. imperativo : sólo la 2ª pers. pl.
ACAECER	formas no personales y las 3ª pers. sing. y pl. de cada uno de los tiempos.
ACONTECER	formas no personales y las 3ª pers. sing. y pl. de cada uno de los tiempos.
ADIR	sólo las formas no personales.
AGREDIR	igual que *abolir*.
AGUERRIR	igual que *abolir*.
APLACER	formas no personales y las 3ª pers. sing. y pl. del presente y del pret. imperf. de indicativo.
ARRECIRSE	igual que *abolir*.
ATAÑER	formas no personales y las 3ª pers. sing. y pl. de cada uno de los tiempos
ATERIRSE	igual que *abolir*.
BALBUCIR	no se usa en la 1ª pers. sing. del presente de indicativo ni en el presente de subjuntivo.
BLANDIR	igual que *abolir*.
COLORIR	igual que *abolir*.
CONCERNIR	formas no personales. indicativo : 3ª pers. sing. y pl. del presente y del pret. imperf. subjuntivo : 3ª pers. sing. y pl. del presente.
DENEGRIR	sólo en las formas no personales.
DESCOLORIR	sólo el participio y el infinitivo.
DESGUARNIR	igual que *abolir*.
DESPAVORIR	igual que *abolir*.
EMBAÍR	igual que *abolir*, pero se conjuga como indicado en el cuadro 69.
EMPEDERNIR	igual que *abolir*.
GARANTIR	igual que *abolir*. (En América no es defectivo.)

GUARNIR	igual que *abolir*.
INCOAR	lo mismo que *abolir*, pero se conjuga como *amar*.
INCUMBIR	formas no personales y las 3ª pers. sing. y pl. de cada uno de los tiempos.
MANIR	igual que *abolir*.
POLIR	igual que *abolir*.
PRETERIR	igual que *abolir*; formas no personales.
SOLER	indicativo : presente, pret. imperf., pret. perf. simple y compuesto. subjuntivo : presente.
TRANSGREDIR	igual que *abolir*.
USUCAPIR	sólo en las formas no personales.

II Lista de verbos unipersonales

ALBOREAR	DESCAMPAR	OBSCURECER
AMANECER	DESHELAR	ORVALLAR
ANOCHECER	DILUVIAR	OSCURECER
ATARDECER	ESCAMPAR	RELAMPAGUEAR
ATENEBRARSE	ESCARCHAR	RETRONAR
ATRONAR	GARUAR	RIELAR
CELLISQUEAR	GRANIZAR	RUTILAR
CENTELLAR	HELAR	TARDECER
CENTELLEAR	LOBREGUECER	TEMPESTEAR
CLAREAR	LLOVER	TONAR
CLARECER	LLOVIZNAR	TRONAR
CORUSCAR	MOLLIZNAR	VENTAR
CHAPARREAR	MOLLIZNEAR	VENTEAR
CHISPEAR	NEVAR	VENTISCAR
CHUBASQUEAR	NEVISCAR	VENTISQUEAR

III Verbos regulares
con un participio irregular

En la lista general de verbos que precede se han señalado algunos verbos que coinciden con el modelo de conjugación regular, pero con la excepción del participio. He aquí la lista de estos verbos :

ABRIR	abierto	MANUSCRIBIR	manuscrito
ADSCRIBIR	adscrito	PRESCRIBIR	prescrito
CUBRIR	cubierto	PROSCRIBIR	proscrito
DESCRIBIR	descrito	REABRIR	reabierto
DESCUBRIR	descubierto	RECUBRIR	recubierto
ENCUBRIR	encubierto	RESCRIBIR	rescrito
ENTREABRIR	entreabierto	ROMPER	roto
ESCRIBIR	escrito	SUSCRIBIR	suscrito
INSCRIBIR	inscrito	TRANSCRIBIR	transcrito

En algunos países de la América de lengua española se conserva aún la *p* arcaica de determinados participios (*adscripto, prescripto, proscripto, suscripto,* etc.).

Cabe señalar además que la irregularidad de ciertos verbos se ve también reflejada en los participios de éstos :

ABSOLVER	absuelto	PUDRIR	podrido
DECIR	dicho	RAREFACER	rarefacto
DISOLVER	disuelto	RESOLVER	resuelto
HACER	hecho	SATISFACER	satisfecho
LICUEFACER	licuefacto	TUMEFACER	tumefacto
MORIR	muerto	VER	visto
PONER	puesto	VOLVER	vuelto

Iguales características tienen los derivados correspondientes (*anteponer, contradecir, desenvolver, deshacer, devolver, disponer, entrever, envolver, exponer, imponer, oponer, posponer, prever, proponer, rehacer, reponer, revolver, superponer, suponer, yuxtaponer,* etc.), con la excepción de *bendecir* y *maldecir,* que pertenecen al grupo de verbos con dos participios cuya lista va a continuación.

IV Verbos con dos participios

Una serie de verbos castellanos se caracteriza por tener dos participios, uno regular y otro irregular, este último tomado del latín de modo más directo. No obstante, para la formación de los tiempos compuestos se utilizan generalmente los regulares (con las excepciones de *frito, impreso* y *provisto*), quedando los irregulares en función adjetiva. Por ejemplo, *el profesor no ha* CORREGIDO, *todavía los ejercicios,* pero *el ejercicio resulta* CORRECTO.

Los principales verbos con dos participios son los siguientes :

	regular	irregular
ABSORBER	absorbido	absorto
ABSTRAER	abstraído	abstracto
AFLIGIR	afligido	aflicto
AHITAR	ahitado	ahíto
ATENDER	atendido	atento
BENDECIR	bendecido	bendito
BIENQUERER	bienquerido	bienquisto
CIRCUNCIDAR	circuncidado	circunciso
COMPELER	compelido	compulso
COMPRIMIR	comprimido	compreso
CONCLUIR	concluido	concluso
CONFESAR	confesado	confeso
CONFUNDIR	confundido	confuso
CONSUMIR	consumido	consunto
CONTUNDIR	contundido	contuso
CONVENCER	convencido	convicto
CONVERTIR	convertido	converso
CORREGIR	corregido	correcto
CORROMPER	corrompido	corrupto
DESPERTAR	despertado	despierto

DESPROVEER	desproveído	desprovisto
DIFUNDIR	difundido	difuso
DIVIDIR	dividido	diviso
ELEGIR	elegido	electo
ENJUGAR	enjugado	enjuto
EXCLUIR	excluido	excluso
EXIMIR	eximido	exento
EXPELER	expelido	expulso
EXPRESAR	expresado	expreso
EXTENDER	extendido	extenso
EXTINGUIR	extinguido	extinto
FIJAR	fijado	fijo
FREÍR	freído	frito
HARTAR	hartado	harto
IMPRIMIR	imprimido (p. us.)	impreso
INCLUIR	incluido	incluso
INCURRIR	incurrido	incurso
INFUNDIR	infundido	infuso
INJERTAR	injertado	injerto
INSERTAR	insertado	inserto
INVERTIR	invertido	inverso
JUNTAR	juntado	junto
MALDECIR	maldecido	maldito
MALQUERER	malquerido	malquisto
MANIFESTAR	manifestado	manifiesto
MANUMITIR	manumitido	manumiso
NACER	nacido	nato
OPRIMIR	oprimido	opreso
POSEER	poseído	poseso
PRENDER	prendido	preso
PRESUMIR	presumido	presunto
PRETENDER	pretendido	pretenso
PROPENDER	propendido	propenso
PROVEER	proveído	provisto
RECLUIR	recluido	recluso
RETORCER	retorcido	retuerto
SALPRESAR	salpresado	salpreso
SALVAR	salvado	salvo
SEPELIR	sepelido	sepulto
SEPULTAR	sepultado	sepulto
SOFREÍR	sofreído	sofrito
SOLTAR	soltado	suelto
SUBSTITUIR	substituido	substituto
SUJETAR	sujetado	sujeto
SUSPENDER	suspendido	suspenso
SUSTITUIR	sustituido	sustituto
TEÑIR	teñido	tinto
TORCER	torcido	tuerto
TORREFACTAR	torrefactado	torrefacto

V Consideraciones acerca del tratamiento

En el párrafo 4 del apartado *Conjugación* se han señalado las tres personas gramaticales, tanto del singular como del plural, con el empleo de cada una de ellas. No obstante, cabe advertir que en la práctica se producen unos fenómenos de cambio y sustitución de aquéllas. Así, por ejemplo, cuando un profesor inicia la clase con la conocida frase *decíamos ayer*, está usando el verbo en plural, cuando en estricta lógica debería hacerlo en singular *(yo decía ayer)*. Esta forma también la utilizan a veces oradores y escritores al querer expresarse con cierta modestia *(deseamos darles un consejo que nos ha dictado nuestra propia experiencia)*. Del mismo modo, cuando nos dirigimos a alguien debemos emplear la segunda persona del singular y, sin embargo, lo hacemos en algunos casos con la primera persona del plural : ¡*Buenos días, querido amigo, cuánto madrugamos!*, que equivale a ¡*Buenos días, querido amigo, cuánto madrugas!*

Existen mayores alteraciones en la conjugación a causa del *tratamiento*, es decir, la manera especial de dirigirse a personas a las que se debe respeto, acatamiento o reverencia.

Tuteo

El *tuteo*, manera familiar de tratarse dos o varias personas, consiste en el uso del pronombre *tú* en la 2ª pers. del sing. y de *vosotros (-as)* en la 2ª pers. del pl., con la desinencia verbal correspondiente. El esquema que sigue, ilustrado con cortos ejemplos, dará una idea más clara de lo que queremos expresar :

	NOMINATIVO	DATIVO Y ACUSATIVO	CASO PREPOSICIONAL
SINGULAR	*tú* amas	*te* amo	voy *contigo*; estoy contra *ti*
PLURAL	*vosotros (-as)* amáis	*os* amo	voy con *vosotros (-as)*; estoy contra *vosotros (-as)*

Este esquema existe en España desde los orígenes del castellano hasta nuestros días, con algunas variantes en zonas muy localizadas. Así, el nominativo plural *(vosotros, -as)* se convierte en *ustedes* en el habla de extensas partes de Andalucía y América *(ustedes tenéis la culpa)*. Una solución intermedia, que pretende atenuar la connotación algo popular de esto, consiste en el empleo de la 3ª persona verbal, uso que es también frecuente en Canarias *(ustedes tienen la culpa)*. En esas áreas, ha desaparecido prácticamente, por tanto, el uso de los pronombres de 2ª persona del plural *(vosotros, -as)*.

No pueden darse reglas muy estrictas acerca del uso del tuteo, ya que esto depende de muy variadas circunstancias sociales, geográficas, de costumbre, etc. Cabe señalar, no obstante, que es la manera habitual de hablar con familiares y amigos, entre la gente joven o entre aquellos que tienen la misma profesión, siempre que la diferencia de edad entre estos últimos no sea excesiva. Para dirigirse a una persona que se tutea, lo normal es hacerlo por su nombre de pila, aunque también, y con un grado menor de intimidad, puede hacerse con el apellido. Las áreas urbanas son más propensas al uso del tuteo que las rurales, y dentro de ellas las clases altas y medias altas son más permeables a la clara tendencia moderna de restringir cada vez más el uso del *usted* en beneficio del *tú.* Además de los casos citados, el tuteo se emplea en la lengua literaria cuando se refiere uno a entes irreales, a los espíritus, a Dios y a los santos, a las divinidades gentiles, a las cosas presentes o ausentes en la invocación (*¡España, tus costumbres ancestrales y tu respeto al honor!*). También se suele utilizar el *tú* en expresiones de enojo o en frases pronunciadas para echar maldiciones (*¡tú, mi supuesto protector, degenerado bastardo de un padre abyecto!*).

Tratamiento de respeto con *usted*

El moderno tratamiento de respeto consiste en la utilización del pronombre personal *usted (-es)* para ambos géneros junto a la tercera persona verbal. En el siguiente cuadro se sintetiza su uso, sin que falten ejemplos para que el lector pueda captar sin dificultad el funcionamiento.

	NOMINATIVO	DATIVO	ACUSATIVO	CASO PREPOSICIONAL
SINGULAR	*usted* ama	*le* digo ; *se* lo digo	*lo (le)* amo *la* amo	voy con *usted*
PLURAL	*ustedes* aman	*les* digo ; *se* lo digo	*los (les)* amo *las* amo	voy con *ustedes*

El origen del tratamiento de *usted* hay que buscarlo hacia el siglo XVI, cuando la primitiva fórmula, *vos,* para un solo destinatario y verbo en 2ª del plural, empezó a sustituirse poco a poco por el tratamiento de *vuestra merced* con el verbo en 3ª persona. De este modo se aludía de una manera indirecta al destinatario del discurso, lo que obligaba a ese desplazamiento verbal (*vuestra merced* TIENE *la palabra*). Este tratamiento alcanzó tal difusión que pronto *vos* se convirtió en una fórmula no respetuosa que desapareció del habla de España, aunque se mantuvo en algunas zonas del continente americano donde hoy perdura y convive con el *tú.* Este fenómeno se conoce con el nombre de *voseo* y lo estudiaremos más adelante.

La frecuencia de uso redujo el *vuestra merced* a *usted* y este tratamiento se aplicó a los que carecían de títulos nobiliarios, cargos o preeminencias. En la actualidad esta fórmula es fundamental en la vida de relación española, a pesar de que su empleo sea menos frecuente en los últimos tiempos, tal como hemos explicado anteriormente. En ciertos casos se ha impuesto incluso al tuteo que antes era de rigor, como por ejemplo cuando nos dirigimos al personal doméstico o a los que realizan algunos trabajos manuales (peluqueros, camareros, limpiabotas, etc.).

El tratamiento de *usted* lleva consigo el uso del nombre de pila (precedido o no del *Don,* según el grado de respeto) o el del apellido, generalmente anteponiendo la palabra *Señor.* Todo esto está lleno de matices que, por otro lado, no suelen escapar al hablante. En líneas generales, en España está más extendido el uso del *Don* con el nombre de pila, aunque la tendencia actual parece que es de retroceso, mientras que en América predomina la fórmula *Señor* + *apellido.*

Otros tratamientos

Además del *tú* y el *usted*, existe toda una serie de tratamientos que desbordan los límites de este libro. Entre los más conocidos podemos señalar los de *Majestad* para un soberano, *Alteza Real* para un príncipe o princesa de sangre, *Santidad* para el Papa, *Eminencia* para un cardenal, *Excelencia* para los jefes de Estado, presidentes de la República, ministros, gobernadores, embajadores, etc., con variantes según los países. Estas fórmulas deben ir seguidas de la 3ª persona verbal. La referencia gramatical a la 2ª persona la realiza el pronombre posesivo que completa siempre al sustantivo abstracto *(Vuestra Majestad, Vuestra Excelencia)*. Cabe señalar, sin embargo, que se puede utilizar asimismo el adjetivo posesivo de tercera persona *(Su Majestad, Su Excelencia)* y que el antiguo tratamiento con *vos* seguido del verbo en la 2ª persona del plural es también usual.

Veamos unos cuantos ejemplos del tratamiento que, según el protocolo vigente, hay que aplicar a la persona del Rey : *me presento ante* VUESTRA MAJESTAD *para* TESTIMONIAROS *mi adhesión ; esta Constitución,* SEÑOR, *es la gran obra de* VUESTRO *reinado ;* VOS ENCARNÁIS *la primera magistratura del Estado.*

Voseo

El *voseo,* término que se aplica al empleo de *vos* para un solo destinatario, era una antigua fórmula que se utilizaba al dirigirse a personas merecedoras de gran respeto para diferenciarlas en el tratamiento de las consideradas como inferiores o con las cuales se tenía mucha confianza. Este uso fue sustituido bastante tiempo después del Siglo de Oro, en la lengua escrita y hablada, por el de *usted,* contracción de *vuestra merced,* como se ha visto anteriormente. El *vos* adquirió de este modo, en España y en varias partes de América, un sabor arcaico, aunque se conservó para invocar a Dios o a los santos. Si bien se juzga como familiar, el *voseo* continúa existiendo en los territorios de la Argentina y en ciertas áreas de Centroamérica, con algunas variantes entre sí. Esta forma pronominal es desconocida en México, Cuba, Puerto Rico, Colombia, Venezuela, Bolivia, Ecuador, Chile, Panamá, Perú y Santo Domingo. En Uruguay se alterna el uso de *vos* y de *tú.*

Las formas verbales asociadas a *vos* para un solo destinatario son, para el presente y el pretérito perfecto simple de indicativo, plurales sin diptongar como *sabés, cantás, tenés, matastes* (sabéis, cantáis, tenéis, matasteis). Los imperativos son de la forma *decí, llegá, tené* (decid, llegad, tened). En los imperfectos de indicativo y subjuntivo se emplean los singulares *(sabías, supieras),* mientras que en los demás tiempos existe vacilación entre el singular y el plural. Los posesivos y pronombres personales utilizados son los de 2ª persona del singular *(tu, tuyo, tuyos; te),* excepto en los casos nominativo y preposicional *(vos),* como se observa en el ejemplo *vos cantás tu canción preferida.*

Existe una relación evidente entre el uso del *voseo* y la mayor o menor influencia española durante el período colonial. Así, el uso peninsular se ha mantenido en las antiguas cortes virreinales, como Perú y México, y también en territorios donde el dominio fue más intenso, como Cuba, Puerto Rico y Santo Domingo. En cualquier caso, allí donde el *voseo* tiene vigencia, hay que señalar su perfecta convivencia con las fórmulas españolas de tratamiento, lo que se debe, sin duda, al mayor prestigio literario del *tú* y a la crítica de aquella forma dialectal que han llevado a cabo prestigiosos gramáticos y escritores americanos.